rüffer & rub

Herausgegeben von
Salome Schneebeli
Anne Rüffer

Porträtfotos
von Goran Basic

verlassen

Über existenzielle Lebensmomente

10 Porträts,
7 Essays und
12 Fundstücke

Die Herausgeberinnen und der Verlag bedanken sich für die großzügige Unterstützung bei

Katholische Kirche im Kanton Zürich

Cassinelli-Vogel-Stiftung
Dr. Adolf Streuli-Stiftung
Elisabeth Jenny-Stiftung
Evangelische-reformierte Landeskirche des Kantons Zürich

Der rüffer & rub Sachbuchverlag wird vom Bundesamt für Kultur mit einem Strukturbeitrag für die Jahre 2021–2024 unterstützt.

Erste Auflage Herbst 2022
Alle Rechte vorbehalten
Copyright © 2022 by rüffer & rub Sachbuchverlag GmbH, Zürich
info@rueferundrub.ch | www.ruefferundrub.ch

Umschlag, S. 1–3, 186 (Übereinanderlagerung zweier Bilder)
© Khalil Musa | unsplash.com; sowie: © Jr Korpa | unsplash.com

Schrift: GT Sectra, Eczar
Druck und Bindung: CPI – Ebner & Spiegel, Ulm
Papier: Munken print white, 90 g/m², 1.8

FSC MIX Papier | Fördert gute Waldnutzung
www.fsc.org FSC® C083411

ISBN 978-3-906304-86-1

Inhalt

10 Salome Schneebeli, Anne Rüffer
    Über existenzielle Lebensmomente

---

12 **ESSAY 1** | *Iso Camartin, Essayist und Publizist*
    Aussteigende und Verlassene aus der Opernwelt

24 **PORTRÄT 1** | *Pater Bruno Rieder, Mönch*
    »An einem nebligen Novemberabend stand ich am Central«

36 **PORTRÄT 2** | *Annina Hess-Cabalzar, Psychotherapeutin, und Susann Mäusli, Juristin und Kulturmanagerin*
    »Vor allem fehlt das Reden danach«

52 **ESSAY 2** | *Anne Rüffer*
    Vom Abschied einer Freundschaft

60 **PORTRÄT 3** | *Peter Schelling, Schauspieler*
    »Kampf der Winde, Südost gegen Südwest, ich mittendrin«

74 **PORTRÄT 4** | *Sima Samar, Ärztin und Menschenrechtsaktivistin*
    »Sobald es die Situation erlaubt, kehre ich zurück«

84 **ESSAY 3** | *Bettina Keller-Back, Kunstwissenschaftlerin*
    Das Verlassen von Raum und Zeit: Bill Violas Sturzmotiv

94 **ESSAY 4** | *Claudia Luchsinger, reformierte Pfarrerin*
    Hiobs Mut oder: Die Frage nach Gottes Gerechtigkeit

102 **PORTRÄT 5** | *Azad Ali, Breakdancer und Student*
»Syrien ist gelb, die Schweiz ist blau«

116 **PORTRÄT 6** | *Gonnie Heggen, Tänzerin, Choreografin und ehem. Dozentin für Tanz*
»Ich ging mit zwei Taschen, sonst nichts«

128 **ESSAY 5** | *Anne Rüffer*
Von Kaffeemühlen aus Holz und Glitzerbildern im Poesiealbum

136 **PORTRÄT 7** | *Siegfried Schneebeli, ehem. Tierarzt*
»Und dann hatte ich noch einmal Glück«

142 **PORTRÄT 8** | *Milena Raoult, Hebamme*
»Und plötzlich war der Kopf des Kindes draußen«

150 **ESSAY 6** | *Charles Linsmayer, Journalist und Literaturhistoriker*
Gib mir ein Zeichen, dass du mich noch liebst!

158 **PORTRÄT 9** | *Samira Zingaro, Journalistin und Autorin*
»Die Warum-Frage führt zu nichts«

166 **PORTRÄT 10** | *Xavier Koller, Regisseur*
»Ich habe jeden Tag einen Brief mit Fragen an mich selbst geschrieben«

180 **ESSAY 7** | *Angelika U. Reutter, Master in Psychologie M.A.*
Vom Seelenmut zur Selbsterkenntnis

ANHANG
187 Anmerkungen
189 Bildnachweis
189 Dank
190 Biografien Herausgeberinnen
191 Biografie Fotograf

Für Annette R.

Über existenzielle Lebensmomente

**Salome Schneebeli,
Anne Rüffer**

Jemand verlässt jemanden, das geschieht täglich. Mit Ausnahme von Philemon und Baucis hat wohl jeder Mensch diese Erfahrung einmal im Leben gemacht. Einen einst geliebten Menschen zu verlassen wie auch verlassen zu werden tut weh; soll niemand sagen, das eine sei schlimmer als das andere. Und ja, es gibt verblüffende Erkenntnisse rund um diese Erfahrung, wenn man über die eigene Situation, das persönliche Drama, die reine Beziehungsebene hinausschaut.

    Das haben die Herausgeberinnen Salome Schneebeli und Anne Rüffer getan. Und erstaunliche Entdeckungen gemacht – sie reichen von Verlassenen in der Literatur über die letzten Worte, bevor man jemanden verlässt, bis zu der Frage, was geschieht, wenn man gezwungen wird, seine Heimat zu verlassen oder einen das eigene Land verlässt. Sie haben sich nicht nur der Melancholie verlassener Ort hingegeben, sondern geschaut, was Menschen dazu bewegt, in Ruinen etwas Neues entstehen zu lassen.

Die schönsten Melodien sind aus Trauer und Schmerz über Verluste entstanden, und selten findet man mehr Trost als in den Zeilen der romantischen Dichter. Poesie wie Tanz drücken in Worten und wortlosen Bewegungen aus, was es mit dem Verlassen auf sich hat. Manchmal fühlen wir uns gottverlassen allein und finden doch immer wieder jemanden, auf den wir uns verlassen können.

Wir verlassen Orte, Menschen und Jobs; wir lassen alte Gewohnheiten und nicht mehr adäquate Denkmuster hinter uns, um uns weiterzuentwickeln und neue Wege zu wagen. Oder wie es Angelika U. Reutter in ihrem Essay ausdrückt: »Sich seiner selbst gewahr zu werden, der eigenen inneren Wahrheit, ist wohl die stärkste Kraft der ›Lebenspartitur Verlassenheit‹.«

Je ausführlicher man sich mit diesem Wort befasst, umso mehr Facetten des Verlassens fallen auf; manche mit mehr, andere mit weniger Gewicht. Und man denkt aufmerksam darüber nach, diskutiert und debattiert, wundert sich und ist erstaunt, lässt sich immer intensiver darauf ein und häufig überraschen. »Müsste ich dem Wort einen Geschmack zuordnen, würde ich sagen, Verlassen schmeckt bitter und erfrischend, wie eine Zitrone«, formuliert es der aus dem kurdischen Teil Syriens geflüchtete Azad Ali in seinem Porträt.

Das Buch geht dem Begriff »verlassen« auf vielfältige Weise auf den Grund, anhand 10 Porträts, 7 Essays renommierter Autor:innen sowie Fundstücken aus den verschiedensten Künsten.

August 2022

Aussteigende und Verlassene aus der Opernwelt

Iso Camartin

Die alles entscheidende Frage ist immer: Verlässt jemand aus freien Stücken eine einmal gewählte Lebensform, oder aber: Wird jemand ungewollt – unverschuldet oder mit verschuldend – von jemandem verlassen und empfindet dies danach als ungerechte Strafe, als schweren Schicksalsschlag oder gar als ein lebenslang fortdauerndes Hader- und Rachemotiv?

Einsiedler, Eremiten und Wüstenmönche suchen aus ihnen attraktiv scheinenden Einsamkeitswünschen in männlicher und weiblicher Daseinsform etwas anderes als Menschen, die aus bisherigen Lebensprojekten aussteigen und ihre früheren Partner, Geliebten und Schicksalsgefährten als Verlassene, Verstoßene, ja sprichwörtlich als »Verflossene« zurücklassen. Es ist unmittelbar verständlich, dass das dramatische Potenzial der zweiten Gruppe um einiges höher ist als jenes der ersten. Eremiten und Aussteiger sind in der Oper – im Gegensatz zu ihren zahlreichen Erscheinungen im Roman vom Spätmittelalter bis zur Gegenwart – ein zu vernachlässigender Menschentypus und allenfalls interessante Nebenfiguren. Verlassene Geliebte hingegen – zumal in weiblicher Gestalt – gehören in der Oper zu den dramatisch aufregenden Protagonisten.

Der Eremit bei Carl Maria von Weber

Eremiten sind in Abgeschiedenheit lebende, weltflüchtige Menschen, die zwar für sich selbst eine solitäre Lebensform gewählt haben, ohne in ethischer Hinsicht dabei zu Menschenverächtern zu werden. Sehr oft sind in der Tradition des Eremitentums unter ihnen weise Lehrer und Ratgeber zu finden, in deren Nähe unerfahrene und irrende junge Menschen erst den Weg zu einem lebenswerten Dasein als erwachsene und verantwortliche Wesen finden. Das ist etwa bei Wolfram von Eschenbachs »Parzival« der Fall, wo der Eremit Trevrizent den irrenden Ritter den Weg des Lebenssinnes – das heißt, der Gralssuche – finden lässt. In der christlichen Tradition gibt es bis in unsere Zeit hinein wundersame Figuren, die nach Jahren eines asketischen Lebens in einer Einsiedelei durch ermutigendes Gespräch mit Hilfe suchenden Menschen dafür sorgen, dass die Welt nicht ganz aus den Fugen gerät. Was wäre die russische Geschichte und Literatur ohne ihre zahlreichen »Starzen«, jene älteren Mönche, bei denen verzweifelte Menschen ihre Zuflucht suchen? Zu den bekanntesten unter diesen besuchbaren Eremiten gehört in der Literaturgeschichte sicherlich Dostojewskis »Starez Sossima« aus »Die Brüder Karamasow«, bei dem Sünder und Zweifler zu Einsicht und Frieden mit Gott und der Welt zu gelangen vermögen.

Zu diesen Figuren gehört auch der Eremit, der in Carl Maria von Webers populärster Oper »Der Freischütz« (1821) in der Schlussszene einen einzigen, allerdings richtungsweisenden und mit seiner tiefen Bassstimme imponierenden Auftritt hat. »Der Freischütz« ist jene stilbildende Frühform des romantischen Musikdramas, in welchem sowohl das Glück natürlich-naiver Zuneigung wie die Erfahrung des Unheimlich-Dämonischen, welche jenes Glück immer in bedrohender Weise begleitet, in geradezu exemplarischer Weise zur Darstellung bringt. Die Oper ist in allen ihren Teilen geradezu ein Geniestreich des 35-jährigen Carl Maria von Weber.

Max und Kaspar sind zwei Jägerburschen, die mit einem Probeschuss beweisen müssen, dass sie würdig sind, die Tochter des Erbförsters für sich zu gewinnen. Max ist ein naiver junger Mensch, den die Angst packt vor dieser Prüfung und der sich darum mit dem Finsterling und Konkurrenten um die Erbförsterei Kaspar einlässt. Dieser weiß, wie man mit der Hilfe Samiels, eines »schwarzen« Jägers der Unterwelt, dank der Mächte der Hölle in der Wolfsschlucht »Freikugeln« gießt, die ihr Ziel nicht verfehlen. Beim Probeschuss auf eine weiße Taube scheint es zunächst, als habe die Kugel aus Max' Gewehr seine eigene Braut Agathe getroffen, doch die mithilfe der Hölle gegossene Freikugel trifft den Bösewicht Kaspar selbst. Als der Landesfürst Ottokar erfährt, dass Max sich mit teuflischen Mächten eingelassen hat, will er ihm weder die Braut noch die Erbförsterei überlassen, vielmehr ihn aus dem Land verbannen. Das ist der Augenblick, wo der Eremit auf der Szene erscheint.

Die Strafe für den Fehltritt des Jägerburschen sei viel zu hoch, teilt der Eremit dem Landesfürsten mit. Ottokar entgegnet: Da ihn, den Eremiten und »Gesegneten des Herrn«, das ganze Land verehre, sei auch er ihm gern gehorsam. Er solle also entscheiden, wie mit dem Schuldigen Max zu verfahren sei. Liebe, Furcht und Verzweiflung würden leicht »der Tugend Schranken« brechen, meint der Eremit. Es sei nicht richtig, das Schicksal zweier liebender Herzen vom Lauf einer Kugel abhängig zu machen. Darum solle man diesen Brauch des Probeschusses abschaffen. Der arme Max habe zwar durch seinen abergläubischen Pakt mit dem Teufel sich schwer versündigt, sonst aber sei er doch »stets rein und bieder« gewesen. Er solle nicht verbannt werden, sondern ein Probejahr erhalten. »Und bleibt er dann, wie ich ihn stets erfand, / So werde sein Agathes Hand.« Dagegen kann auch ein Fürst nichts einwenden: »Dein Wort genüget mir, / Ein Höherer spricht aus dir.« Es stimmen nun alle ein und danken Gott, der über den Sternen voller Gnade selbst Fürsten lehre, dass verzeihen besser sei als bestrafen. Auch wenn diese letzte Szene der Oper Gott, den Landesfürsten, die Liebenden und das versammelte Volk etwas gar volltönig hochpreisen und hochleben lässt, stimmen die Anwesenden beglückt in den Chor von Jägern, Bauern, Brautjungfern und Schenkmädchen ein: »Wer rein ist von Herzen und schuldlos im Leben / Darf kindlich der Milde des Vaters vertrauen!«

Die Figur des Eremiten ist hier als eine Art »Deus ex machina« konzipiert, als Arrangeur eines glücklichen Endes der Geschichte, ohne welches auch die Zuschauer der Frühromantik das Opernhaus nicht verlassen wollten. Glücklich das Land, das einen Eremiten hat, der die Regierenden und das Volk aus ihren selbst geschaffenen Nöten beratend zu befreien vermag. Es ist Webers Musik vorbehalten, uns nicht verdrängen zu lassen, dass Gefahr, Bedrohung und finstere Mächte damit nicht aus der Welt verschwinden, sondern immer um uns schweben.

Die klagende Ariadne bei Monteverdi

Zum ersten Mal aufgeführt wurde die Oper von Claudio Monteverdi mit dem Titel »L'Arianna – tragedia in musica« am 28. Mai 1608 im Hoftheater der Gonzagas zu Mantua. Anlass war die Hochzeit des Prinzen Francesco mit Margherita von Savoyen. Das heute kaum Begreifliche ist die Tatsache, dass die Musik Monteverdis für dieses große, auch politisch-gesellschaftlich hoch bedeutsame Ereignis verloren ist. Erhalten hat sich allerdings das Libretto des aus Florenz hergeholten Ottavio Rinuccini, sodass man inhaltlich über die Handlung der Oper informiert ist. Es hat im 20. Jahrhundert auch mehrere Versuche gegeben, Monteverdis »L'Arianna« mit anderer Musik des Komponisten ergänzend zu rekonstruieren, ja sogar »im Sinne Monteverdis« (was immer dies heißen mag!) neu zu komponieren. Von Monteverdi selbst ist nur die Musik zu einer Szene erhalten, das sogenannte »Lamento d'Arianna«, also »Der Klagegesang« der Ariadne. Monteverdi hat dieses zentrale Stück der Oper später in verschiedenen Fassungen drucken lassen: einmal 1614 als fünfstimmiges Madrigal, so wie wir es in seinem 6. Madrigalbuch vorfinden. Aus dem Jahr 1623 gibt es eine gedruckte Fassung für eine Einzelstimme mit Begleitung eines Generalbasses. 1640, drei Jahre vor seinem Tod, hat er die Musik noch einmal einem geistlichen Text angepasst und das Stück in seine späte Sammlung von Kirchenmusik »Selva morale e spirituale« als »Pianto della Madonna« – der Schmerzensgesang der Muttergottes – eingefügt. Wie wichtig ihm diese Komposition war, die in der italienischen Musik als Auftakt zu einem ganzen Genre – dem »Lamento«, d.h. der besonderen Form der »Klagearie« – angesehen werden kann, ist damit hinreichend belegt.

Wir brauchen hier die Details der aus der Mythologie bekannten Geschichte der Ariadne nicht aufzuzählen. Die kretische Königstochter Ariadne verliebt sich in den athenischen Königssohn Theseus, dem es gelingt, den Minotaurus im Labyrinth zu töten und mit ihrer Hilfe (Ariadne-Faden) aus diesem den Weg ins Freie wiederzufinden. Sie macht sich mit ihm auf den Weg nach Athen. Auf der Insel Naxos (es gibt unterschiedliche Varianten dazu) machen sie Rast, doch Theseus verschwindet, allein oder mit der schönen Aigle, so genau weiß dies niemand, und lässt Ariadne auf der Insel zurück. Aus Untreue, oder weil der Gott Bacchus es so eingerichtet hat? Die Mythologen haben das gute Recht, sich Varianten zum Schicksal einer verlassenen Königstochter auszumalen.

Das »Lamento d'Arianna« besteht aus vier Teilen – alle um die unfassliche Erfahrung kreisend, dass ein Liebender, aus was immer für Gründen, eine Liebende überhaupt verlassen kann. Was ihr widerfahren ist, bezeichnet sie als ein derart grausames Schicksal, als eine so unermessliche Pein, dass sie nur noch sterben will. »Lasciatemi morire! – Lasst mich sterben!«, fleht sie. Sie wendet sich an den verschwundenen Theseus: »Bist du nicht immer noch mein Theseus? Warum fliehst du von mir? Wenn du wüsstest, wie ich leide, würdest du dein Schiff wenden und zur Insel zurücksegeln. Ich habe doch alles deinetwegen verlassen, meine Heimat, mein Königreich. Jetzt bin ich allein hier auf dieser Insel, nackt und schutzlos, du hast mich zurückgelassen als Futter für wilde Tiere, während du einem Freudenfest mit Familie und Verwandten in Athen entgegensegelst. Ich hingegen werde nie wieder meinen Vater und meine Mutter sehen!«

Im 3. Teil ihrer Klage möchte Arianna ihren Ungetreuen an seiner Ehre und an seinen Versprechungen packen: »Hält man so Schwüre? Wo sind Krone und Szepter, Schmuck und Geschmeide, die du mir versprochen hast, wenn ich als Königin auf dem Thron deiner Vorfahren sitze? Und jetzt überlässt du mich wilden Bestien, die mich in Stücke reißen und verschlingen werden. Jetzt bin ich da, schreie, von niemandem gehört, vergeblich um Hilfe. Ich, deine arme Arianna, die ihr ganzes Vertrauen auf dich gesetzt hat, dir dein Leben gerettet und deinen Ruhm begründet hat.« Im letzten Teil des Lamentos steigt Wut in der verlassenen und betrogenen Frau auf: Wirbelwinde, Stürme, Unwetter sollen aufkommen, Wale und Meeresungeheuer sollen herbeieilen und diesen Ungetreuen in die Tiefen des Meeres hinabzerren. Seine »membra immonde«, seine unreinen Gliedmaßen sollen in den Abgründen des Meeresbodens zerstreut werden. Kann aber eine Liebende ihre Klage in einer solchen Hassorgie enden lassen? Arianna weiß: Ich bin nicht mehr ich, wenn ich so hasserfüllt tobe. Meine Zunge spricht so, aber nicht mein Herz! Auch nach so viel Enttäuschung und Verrat spürt sie in sich noch die Glut der Liebe zu ihrem Theseus. Da gibt es nur eine Macht, die gegen diese Empfindungen aufzukommen vermag. Die letzte Zeile der Klage der Arianna lautet: »Komm, Tod, lösche die Flammen dieser unwürdigen Liebe!«

Ein unglaublich drastisches und dramatisches Stück Musik, mit geradezu bis zur Zerreißprobe angelegten melodischen und harmonischen Spannungen. Hier bricht etwas Neues und Radikales in der Musikgeschichte ein, dargestellt am Schicksal einer »donna abbandonata«, einer verlassenen und darüber außer Fassung geratenden Frau. Diese Musik ist wie ein Eingangstor zu einer Dimension weiblicher Introspektion und Selbstoffenbarung, die sich bis in die Moderne hinein, ja bis zu Alban Bergs

»Lulu« weiter entfalten wird. Aus dem erhalten gebliebenen Libretto wissen wir, dass sich Bacchus, der Gott des Genusses und der Lebensfreude, in die leidende Ariadne verlieben wird, sie zu neuem Glück führen und am Ende die Königstochter aus Kreta sogar mit göttlicher Unsterblichkeit für den Olymp belohnen wird. Heute leuchtet uns angeblich Ariadne sogar als Asteroid in unserem Universum entgegen. Ich habe die schöne Kreterin im Himmelszelt zwar noch nie erblickt. Die Experten der Himmelskunde aber sagen, es sei so!

Die verzweifelte Dido von Purcell
Die zweite hochberühmte Verlassene der Opernwelt ist Dido, die Königin von Karthago. Man kann es kaum glauben, doch allein im 18. Jahrhundert soll es, nachdem 1724 Metastasios Libretto »Didone abbandonata« erschienen war, über 60 Vertonungen des Stoffes gegeben haben. In der ersten bekannten Version »La Didone« von Francesco Cavalli von 1641 (Monteverdi lebte noch!) gewähren Librettist und Komponist der Königin ein anscheinend glückliches Leben: Sie wird, nachdem der trojanische Held Aeneas sich auf und davon gemacht hat, um in Rom das neue Weltreich der Römer zu gründen, von seinem Nachfolger, dem numidischen König Jarbas, vor dem Selbstmord gerettet und geheiratet. Anders als in der bekanntesten Fassung des Stoffes durch Henry Purcell »Dido and Aeneas« von 1689 nach einem Libretto von Nahum Tate, in welcher Dido sich das Leben nimmt aus Verzweiflung über Aeneas Befolgung des göttlichen Auftrags, Karthago und Dido zu verlassen, um in Rom das neue Troja zu gründen.

Den Stoff für die Tragödie der Dido lieferte zwar die »Aeneis« des Vergil, doch die barocken Bearbeiter fühlten sich frei, dabei mehr nach eigenem Gutdünken als nach Quellentreue zu verfahren. So konnte auch diese antike Liebesgeschichte noch mit Hexen und bösen Geistern, mit Liebesgrotten und aufkommenden Stürmen, mit Gewittern samt Blitz und Donner angereichert werden. Dennoch ist dieses vermutlich in einem Mädchenpensionat uraufgeführte Meisterwerk eine der kürzesten Opern der Musikgeschichte, deren drei Akte samt Tanzeinlagen nicht mehr als gut 50 Minuten dauern. Die Geschichte ist bald erzählt: Aeneas verliebt sich in die korinthische Königin, Dido in ihn. Liebesgefühle lassen Aufträge und Pflichten vergessen. Aeneas ist bereit, bei Dido zu bleiben und seinen Auftrag, in Latium das neue Troja zu begründen, zugunsten von Dido und Korinth aufzugeben.

Doch die Mächte des Bösen gönnen den Liebenden ihr Glück nicht. In Gestalt des Gottes Merkur schickt die Oberhexe einen Boten zu Aeneas, der im Namen der Götter den Abbruch der Beziehung zu Dido fordert und den sofortigen Aufbruch nach Rom befiehlt. Aeneas lässt sich überzeugen, der Plan der bösen Hexen geht auf. »Destruction's our delight – Zerstörung ist unsere Lebensfreude!«, singen die Hexen im Chor. Der Abschied zwischen den beiden Liebenden ist hässlich und grausam. Dido nennt Aeneas ein Krokodil, das falsche Tränen weine. Aeneas ist bereit, sich dem göttlichen Auftrag zu widersetzen. Doch Dido ist allein durch den Gedanken, dass er sie verlassen könnte, so verletzt, dass sie ihn nur noch anschreit: »Hinweg! Hinweg!« Nichts will sie mehr mit ihm zu tun haben. Nur noch sterben will sie.

Die Schlussszene der sterbenden Dido ist im Zeitraffertempo dieses Dramas der Ruhepol des gesamten Werkes: Ergreifender kann man sich den Abschied einer Frau, die aus verletzter Liebe nur noch sterben will, kaum denken. Sie verlangt nach der Hand ihrer Vertrauten Belinda: »Düsternis senkt sich auf mich. / An deinem Busen will ich ruhen; / Mehr würd' ich tun,

Was tun Verlassene? *Penelope strickt Pullover und wartet | Medea tötet ihre Kinder Othello wird wahnsinnig | Maria Callas wird magersüchtig und ein Superstar | Solokarrieren werden gestartet, siehe Paul McCartney, George Harrison und etwas weniger erfolgreich Ringo Starr | Sabina Spielrein macht Karriere als Analytikerin | Napoleon stellt eine 2. Armee auf und versucht es erneut | Der Sänger Florian Silbereisen heuert auf dem Traumschiff an und wird Kapitän auf der MS Amadea | Die Schauspielerin Ingrid Caven erschießt ihren Liebhaber | Dido, die Königin von Karthago, stürzt sich ins Schwert und wird in einer Oper verewigt* doch dringt der Tod in mich; / Nun ist der Tod mir ein willkommener Gast.«

Ich übernehme hier die Beschreibung von Didos Sterbeszene, wie ich sie in meinem Buch »Opernliebe« (2014) festgehalten habe: Purcell greift für die letzten Augenblicke der Oper zur Form der Chaconne, setzt eine langsam absteigende Basslinie ein, Halbton für Halbton beschreitend im Umfang einer Quarte, eine Trauermusik so sanft und so weich, wie sie die ganze folgende Operngeschichte nicht mehr hervorbringen wird. Aller Hass ist verflogen, die Leidenschaft der Liebe ist endgültig dahin. Dazu singt die in sich ruhig und gelassen gewordene Dido die Worte: »When I am laid in earth – Lieg ich erst in der Erde, / sollen meine Vergehen / dich tief im Innern nicht bekümmern.« Nur einen Wunsch hat sie noch, und diesen wiederholt sie mehrfach, so eindringlich, als wolle sie ihre todbringende Liebe uns für unser eigenes Leben ins Gedächtnis meißeln und ins Ohr pflanzen: »Remember me, but ah! Forget my fate – Gedenke meiner, doch ach! Vergiss mein Los.« In barocker Manier beschwört der Chor die Rosen streuenden Liebesknaben Cupidos, die für ewig am Grab der so unglücklich liebenden Dido Wache halten mögen: »Keep here your watch, and never part.« – Wer diese Klage der Dido einmal in sich aufgenommen hat, wird sie immer wieder hören müssen und hören wollen. »Remember me! Remember me!« Ergreifendere Töne für diese Worte hat in der Musikgeschichte kein Komponist gefunden als Purcell für seine sterbende Dido.

Diese Welt verlassen

Die zwei hier beschriebenen Frauen aus der antiken Mythologie sind längst nicht die einzigen »Donne abbandonate« der frühen Operngeschichte. Auch Penelope, die Gattin des Odysseus, die dieser für 20 Jahre auf Ithaka allein zurücklässt, um in den Trojanischen Krieg zu ziehen und danach die Abenteuer der Rückfahrt zu bestehen, ist eine Frau, die unter ihrer langen Einsamkeit und Ungewissheit über die Rückkehr ihres Mannes

FUNDSTÜCK 1

Orpheus und Eurydike
Orpheus lebte in Thrakien als Sohn der Muse Kalliope. Sein Vater war der thrakische König und Flussgott Oiagros (oder, nach anderen Überlieferungen, Apollon). Von Apollon, dem Gott der Musik, bekam er eine Lyra geschenkt. Unter den Sängern galt Orpheus als der beste. Die Bäume neigten sich ihm zu, wenn er spielte, und die wilden Tiere scharten sich friedlich um ihn, und selbst die Felsen weinten angesichts seines schönen Gesangs.

Die Argonauten nahmen ihn auf ihren Kriegszügen mit. Orpheus sang so schön, dass er sogar das wütende Meer und die Feinde durch den Zauber seiner Lyra bezwang.

Orpheus' Braut war die Nymphe Eurydike. Als Aristaios, Apollons Sohn, versuchte, sie zu vergewaltigen und sie vor ihm floh, starb sie durch einen von ihm verschuldeten Schlangenbiss. Orpheus stieg in die Unterwelt, um durch seinen Gesang und das Spiel seiner Lyra den Gott Hades zu bewegen, ihm seine Geliebte zurückzugeben. Seine Kunst war so groß, dass ihm seine Bitte tatsächlich gewährt wurde - jedoch unter der von Hades und Persephone gestellten Bedingung, dass er beim Aufstieg in die Oberwelt vorangehen und sich nicht nach ihr umschauen dürfe. Da er die Schritte der Eurydike nicht hörte, sah er sich um, und sie verschwand wieder in der Unterwelt.[1]

Christoph Willibald Gluck hat aus dem Stoff 1762 eine Oper verfasst.[2]

Der Film von Marcel Camus »Orfeu Negro« (1959) verlegt die Handlung nach Rio de Janeiro und gewinnt 1960 den Oscar als bester ausländischer Film.[3]

---

grausam leidet. Die vielleicht am stärksten an ihrem Verlassenwerden verzweifelnde Figur der Operngeschichte ist Medea. Berühmte Vertonungen des Stoffes gibt es von Marc Antoine Charpentier (1693) und von Luigi Cherubini (1797). Medea ist willig, um sich für den Verrat ihres Mannes Jason zu rächen, sogar ihre gemeinsamen Kinder zu töten. Eine Passionsgeschichte von wahrhaft antiker Radikalität! »L'Arianna« von Monteverdi und »Dido and Aeneas« von Purcell sind die jeweils frühen und repräsentativen Zeugnisse der Barockzeit über das Leidenspotenzial von »Donne abbandonate«, beides Meisterwerke früher Opernkunst. Es haben jedoch beide Figuren Neugestaltungen und psychologische Weiterentwicklungen in späterer Zeit erfahren. Die bemerkenswerteste, ja geradezu geniale Fassung der leidenden und sich durch den nachfolgenden Liebhaber Bacchus leicht trösten lassenden Ariadne ist mit Sicherheit die Oper »Ariadne auf Naxos« von Hugo von Hofmannsthal und Richard Strauß (definitive Fassung 1916). Die stilbildende englische Fassung von »Dido and Aeneas« von Purcell hat – nicht weniger eindrucksvoll – in der hoch ambitionierten Fassung, die Hector Berlioz dem Stoff in »Les Troyens« (1890) verliehen hat, erst 21 Jahre nach dem Tod des Komponisten jene vollständige Gestalt und romantische Dimension auf der Opernbühne gefunden, als welche der Komponist sie zu seinen Lebzeiten erträumt und erdacht hatte.

Man könnte sogar behaupten, dass auch Webers Eremit als souveräner, für den Lauf der Welt und der Heilsgeschichte sich verantwortlich fühlender Mönch und Chronist Pimen in Modest Mussorgskijs »Boris Godunow« (1874) eine eindrückliche Wiederkunft erlebt hat. Offenbar ist das Thema des freiwilligen Verlassens und des ungewollten Verlassenwerdens eine Option beziehungsweise eine Befürchtung, die Menschen bis zu ihrem letzten Atemzug begleitet. Für alle sich des Lebens Freuenden bleibt die Herausforderung, diese Welt und die Liebsten einmal verlassen zu müssen, die bevorstehende Prüfung, von der niemand weiß, wie sie oder er diese bestehen und bewältigen wird. Da Liebe und Tod beinah in jeder Oper zur Darstellung kommen, erleben wir im Opernhaus beinah bei jeder Aufführung einen bedenkenswerten Fall, was es zu leiden und durchzustehen gilt, wenn jemand diese Welt verlassen muss.

Biografie | Iso Camartin, 1944, Philologe und Essayist, war von 1985-1997 ordentlicher Professor für rätoromanische Literatur und Kultur an der ETH und an der Universität Zürich. Er lehrte und forschte über sprachlich-kulturelle Minderheiten und über die Kulturgeschichte des Alpenraums. Als Literaturkritiker war er in zahlreichen Jurys tätig, u.a. beim Ingeborg-Bachmann-Wettbewerb, 1996-1998 moderierte er die »Sternstunde Kunst« beim Schweizer Fernsehen DRS. 2000-2003 war er Leiter der Kulturabteilung des Schweizer Fernsehens DRS. Von 2004-2012 verantwortlich für die »Opernwerkstatt« am Opernhaus Zürich. Inzwischen freischaffend, lebt Camartin in Zürich, Disentis und New Brunswick (NJ). Zahlreiche Publikationen, u.a.: »Opernliebe. Ein Buch für Enthusiasten«, 2014; »Die Kunst des Lobens. Zur Rhetorik der Lobrede«, 2018; »Die Reise zu den Zedern« (mit Verena Füllemann, Bilder), 2019; »»Mein Herz öffnet sich deiner Stimme««, 2021; »Warum Johann Sebastian Bach keine Oper schrieb«, 2022.

Pater Bruno
Rieder

»An einem nebligen Novemberabend stand ich am Central«

Was bedeutet für Sie der Begriff »Verlassen«?
Die erste Assoziation, das sind Träume – schon in der Kindheit –, die ich als sehr bedrohlich empfand und die mir später auch bei anderen Menschen begegnet sind. Diese Träume evozieren eine kosmische Verlassenheit: Nicht nur verlassen von etwas oder jemandem, sondern mutterseelenallein sein, in diesem Sinne ist das Wort zu verstehen. Die zweite Assoziation: Verlassen gehört sehr stark zur Mönchsberufung dazu. Schon die allerersten Mönche sind in die Wüste gegangen und haben quasi die Welt verlassen, ihren Besitz, ihre Familie – alles verlassen, um ganz allein für Gott da zu sein. Man verlässt etwas, um sich einem Anliegen – in diesem Fall Gott oder Christus – ganz hinzugeben, ganz zu widmen.

Heißt das nicht auch flüchten aus der Welt?
Das ist nicht völlig falsch, das findet man schon in den ersten Zeugnissen des Mönchtums, die »Fuga mundi« – die Flucht aus der Welt. Fasst man das in einem engen Sinn auf und sagt, die haben keine Ahnung mehr von der Welt und den Menschen,

oder das Motiv sei, dass sie mit all dem Weltlichen nichts mehr zu tun haben wollen, dann ist das eine negative Interpretation. Doch das ist nicht damit gemeint: Auch beim heiligen Benedikt kommt das vor, und da geht es um die Verstrickungen, die Mechanismen, in denen man festhängt – seien es die eigenen oder die im sozialen Umfeld –, die einen letztlich unfrei machen, die einen von der eigentlichen Berufung fernhalten, die nicht dem eigentlichen Sinn des Lebens entsprechen. Von daher muss man all dies zunächst verlassen, um das, was man wirklich will, zu tun. Konkret bedeutet das in der Tat: Es entsteht eine gewisse Entfremdung, man verlässt etwas.

Wann haben Sie den Ruf verspürt?

Ich bin religiös aufgewachsen, katholisch sozialisiert, ich war in einer Klosterschule. Nach der Matura bin ich zum Studium nach Zürich gegangen und habe Germanistik und Philosophie belegt. Das ist kein Studium, in dem man gleich einen Beruf erlernt, und gegen Ende des Studiums ist die Frage: Was mache ich jetzt eigentlich mit meinem Leben, immer konkreter geworden. Und dann gab es einen zentralen Moment: An einem nebligen Novemberabend stand ich am Zürcher Central an der Limmat, und plötzlich stieg in mir innerlich eine Formulierung auf: Ich suche etwas, für das es sich lohnt, dieser Sache mein Leben ganz zu widmen. Es war mir zu wenig, irgendeinen Job zu machen, bei dem ich meinen Unterhalt verdiene und meine Leben friste – das war es einfach nicht.

Diese Worte haben mich Schritt für Schritt weitergeführt, und schließlich wurde mir klar: Meine Berufung ist es, Mönch zu sein. Dafür lohnt es sich, mein Leben ganz hinzugeben. Ich war 27 Jahre alt, als ich ins Kloster eingetreten bin.

Müssen Sie sich für Ihre Konzentration auf Gott von der Welt verabschieden, um in die Tiefe zu gelangen?

Symbolisch findet man das auch im Lebensweg des heiligen Benedikt. Zunächst ist er für drei Jahre in eine Höhle gestiegen und war dort ganz für sich. Nach drei Jahren ist er rausgekommen, und es hieß, nun sei er genug gewachsen und gereift, um auch für die Menschen da zu sein.

Um die Vertiefung zu schulen, ist vor allem am Anfang des Weges wichtig, dass man nicht durch Zerstreuung abgelenkt wird. Später, im Kloster, wenden wir uns der Welt wieder zu. Wir haben hier eine Schule und wir sind in der Seelsorge tätig – alles aus dieser Innerlichkeit heraus, die man aber zuerst finden muss.

Manche Menschen fühlen sich völlig allein und verlassen, weil sie den Zugang zu ihrem Glauben, zu Gott verloren haben. Was sagen Sie ihnen?
Verlassen bedeutet: Es war ja einmal etwas da. Es kann aber auch sein, dass man einfach keinen Zugang findet. Kommt jemand mit dem Anliegen: »Ich habe den Zugang zu Gott verloren und möchte ihn wiederfinden«, interessiert mich zunächst, was geschehen ist, und ich frage mich, was seine Geschichte ist.

Ähneln sich die Gründe der Menschen? Sind es meistens Schicksalsschläge?
Im Gegensatz zu früher, vor 40, 60 Jahren, begegnen mir immer wieder Menschen, die nie mit Religion in Kontakt gekommen sind, die nie religiös sozialisiert worden sind – nicht durch die Eltern und auch nicht wirklich in der Schule. Das ist schon ein neues Phänomen. Schicksalsschläge oder die Theodizee-Frage – wie kann dieser Gott absolut gut sein und dieses Unheil zulassen –, das sind auch oft Auslöser dafür, dass Menschen mit Gott und der Religion hadern.

Was auch häufig vorkommt, sind Menschen, die von sich sagen, religiös aufgewachsen zu sein, die gerne in die Kirche gegangen sind, sogar Ministrant waren, und dann hat sich das auf einmal verflüchtigt. Der erste Zugang ist ganz sicher, Spuren einer Gegenwart Gottes im eigenen Leben wiederzuentdecken. Diesem Menschen helfen, die Augen dafür wieder zu öffnen.

Gibt es Menschen, bei denen es nicht gelingt, den Zugang wieder zu eröffnen. Sind die für immer verloren?

Für einen Mönch, einen Priester, einen Christen ist es ein absolutes No-Go, irgendeinen Menschen verloren zu geben. Es nutzt natürlich gar nichts, jemandem etwas aufschwätzen zu wollen, das muss von innen kommen, ich kann nur helfen. Ich versuche nach bestem Wissen und Gewissen, jedem Menschen die völlige Freiheit zu lassen.

Es gibt Besucher, die eine ganze Woche hier an Exerzitien teilnehmen, und es bewegt sich überhaupt nichts bei ihnen. Das muss ich so akzeptieren, aber da ist gar nichts verloren, es braucht einfach mehr Zeit. Die Hoffnung aufzugeben, das ist absolut ausgeschlossen.

Woher kommt der Ausdruck: »Das ist ein gottloser Mensch«?

Wenn wir dieses Wort, dieses Adjektiv im Alltag benutzen, beziehen wir es – so glaube ich – meistens auf das Verhalten einer Person. Dass sich jemand seinen Mitmenschen gegenüber so schlecht verhält, ihnen schlimme Dinge antut, dass man konstatieren muss, dass dieses Benehmen so sehr im Widerspruch steht zu dem, was Christus lehrt, und dass so ein Individuum überhaupt keinerlei Moral mehr in sich hat. Über das Innenleben eines Menschen, darüber, was jemand glaubt, können wir allerdings kein Urteil fällen, das steht uns auch nicht zu. Somit würde ich nie über das Innenleben einer Person sagen, sie sei gottlos.

Bei diesem Begriff denke ich am ehesten an Menschen, die extrem narzisstisch und manipulativ sind, in deren Umgebung andere tatsächlich kaputtgehen. Man fragt sich, ob diese Person keinen Anschluss mehr an ihr Gewissen findet – denn das Gewissen ist ja auch eine Spur Gottes im Menschen.

Zu Ihnen kommen oft Menschen, die in einer Krise stecken; kennen Sie auch Krisen? Beziehungskrisen mit Gott?

Meine Beziehung zu Gott habe ich nie abgebrochen, aber sie war nicht immer intensiv und dicht. Es gab durchaus auch oberflächliche Phasen, in denen ich mir nur wenig Zeit genommen habe, um ihm zuzuhören oder das Gespräch zu suchen – wie in einer menschlichen Beziehung. Natürlich war es ein langer Weg, Gott tiefer zu erkennen, und es gab tatsächlich einmal einen Moment, in dem ich eine gewisse Ambivalenz in unserer Beziehung verspürte. Einerseits sehnte ich mich danach – ich war damals schon im Kloster –, ich wollte das wirklich, und andererseits nahm ich wahr: Ich tue in den Zeiten, die für Gott bestimmt sind, lieber etwas ganz anderes. Irgendetwas stimmte nicht, und ich fragte mich, was fehlt, was ist nicht da. Doch ich fand keine Antwort, bis ich eines Tages in einem Gebet Gott bat, mir ganz direkt einen Hinweis zu geben, was noch zwischen uns steht. Und dann hatte ich innerlich eine ganz klare Erkenntnis – ich habe keine Stimme gehört, aber ich habe realisiert, dass sich ein falsches Gottesbild aus lebensgeschichtlichen Erlebnissen heraus zwischen uns gestellt hatte, und als das ans Licht kam, konnte ich es aufarbeiten und lösen, und ab dann wurde meine Beziehung zu Gott sehr viel tiefer.

Es gab noch eine weitere Erfahrung in den ersten Jahren im Kloster. Verschiedene Umstände führten mich zu der Frage, ob das überhaupt der richtige Ort für mich ist, ob ich das aushalte, und es tauchten ernsthafte Gedanken auf, nicht Gott, aber das Kloster wieder zu verlassen, das alles aufzugeben. Daraus entstand ein extremes Ringen, denn ich wollte das nicht, hatte jedoch zugleich das Gefühl, es geht nicht anders. Und dann habe ich mich in meiner Zelle vor Gott auf den Boden geworfen und fühlte mich dabei hilflos, sehr existenziell. In diesem Moment ist so eine biblische Szene, ein biblisches Wort in mir aufgetaucht, das Ende des 6. Kapitels des Johannes-Evangeliums, wo Jesus eine längere Rede gehalten hat. Dort heißt es: Da verließen ihn viele seiner Jünger, und Jesus fragte seinen engsten Kreis ganz konkret: »Wollt auch ihr weggehen?« Diese Frage tauchte auch bei mir auf. Petrus antwortet: »Herr, zu wem sollen wir gehen? Du hast Worte ewigen Lebens.« Das war so klar für mich: Auch wenn es in bestimmten Momenten schwierig ist, ein Leben ohne Christus kann ich mir nicht vorstellen, und das will ich hier suchen. Diese Erkenntnis hat mir Halt gegeben.

> GEORG BÜCHNER (1813–1837): WOYZECK
> Alte Frau (erzählt). Es war einmal ein arm Kind und hatt' keinen Vater und keine Mutter – war Alles todt und war Niemand auf der Welt, und es hat gehungert und geweint Tag und Nacht. Und weil es Niemand mehr hatt' auf der Welt, wollt's in den Himmel geh'n. Und der Mond guckt' es so freundlich an, und wie's endlich zum Mond kommt, ist's ein Stück faul Holz. Da wollt's zur Sonne geh'n, und die Sonn' guckt es so freundlich an, und wie's endlich zur Sonne kommt, ist's ein verwelkt Sonnblümlein. Da wollt's zu den Sternen geh'n, und die Sterne gucken es so freundlich an, und wie's endlich zu den Sternen kommt, da sind's goldene Mücklein, die sind aufgespießt auf Schlehendörner und sterben. Da wollt' das Kind wieder zur Erde, aber wie's zur Erde kam, da war die Erde ein umgestürzt Häfchen. Und so war das Kind ganz allein und hat sich hingesetzt und hat geweint. Hab' nicht Vater noch Mutter, hab' nicht Sonne, Mond und Sterne und nicht die Erde. Und da sitzt es noch und ist ganz allein.

Passiert so etwas nur einmal oder kommt das immer wieder einmal vor, wie in einer normalen Beziehung?

Diese Episode damals war sehr intensiv, und so stark habe ich das seither nie mehr erlebt. Aber dass es Schwankungen bezüglich Intensität geben kann, das kann immer wieder einmal vorkommen – wie in einer »normalen« Beziehung.

Wie würden Sie das Aufgehobensein in dieser Beziehung beschreiben?

Ankommen, Geborgenheit, Aufgehobensein, das trifft für mich zu. Die Erfahrung, die immer intensiver und stärker geworden ist und hoffentlich auch noch wird, die finde ich in zwei, drei Lieblingsversen in der Heiligen Schrift, und die gebe ich manchmal auch Menschen, die zu mir kommen, mit auf den Weg. Zum Beispiel Buch Jesaja, Kapitel 43, wo Gott zu Israel spricht: »Weil du in meinen Augen teuer und wertvoll bist, und weil ich dich liebe, gebe ich für dich ganze Länder und für dein Leben ganze Völker.« Das ist eine unglaublich schöne und beglückende Erfahrung, und das macht das aus, was uns von Gott geschenkt wird. Oder: »Soweit ich aber jetzt noch in dieser Welt lebe, lebe ich im Glauben an den Sohn Gottes, der mich geliebt und sich für mich hingegeben hat.« (Brief an die Galater, Kapitel 2) Vor Jahren habe ich das einmal in einem religiösen Buch gelesen, und in diesem Krisenmoment ist mir dieser Vers innerlich total aufgegangen, so sehr, dass mir die Tränen in die Augen stiegen. Wie kann es das geben, dass es ein solches Maß an Liebe für mich gibt, dass ich eine solche Bedeutung habe – das steht jedem Menschen offen, sagt mir mein Glaube.

In der Bibel, Psalm 22, heißt es: »Mein Gott, warum hast du mich verlassen?« Wir möchten Ihnen die umgekehrte Frage stellen: Kann ein Mensch Gott je verlassen?

Man muss mit zwei Unterscheidungen antworten. Die erste lautet, dass es zwei Gegenwarten Gottes gibt. Die erste Gegenwart wäre seine Allgegenwart in der Schöpfung, also Gott ist der, von dem alles kommt, der Ursprung von allem. Insofern der Mensch ein Teil dieser Schöpfung ist und ohne die Gegenwart Gottes und seinen Schöpferwillen wäre nichts, also ist Gott überall, wo etwas existiert, das kann ein Mensch nicht verlassen. Selbst wenn ein Mensch sagt, ich bin ein entschiedener Atheist, kann er diese Schöpfung objektiv gesehen nicht verlassen – er ist ein Teil von allem.

Die zweite Gegenwart Gottes, die Glaubens- oder Liebesgegenwart, da geht es um die persönliche Liebesbeziehung, oder wie Christus sagt, um die Freundschaft mit Gott. Aus dieser Art von Beziehung kann ein Mensch aus was für Gründen auch immer in der Tat aussteigen. Weil er nichts damit zu tun haben will, weil es ihn nicht interessiert, weil er sich nicht dafür öffnen will. Bezogen auf diese Form der Gegenwart, kann ein Mensch die Freundschaft mit Gott verlassen oder, anders ausgedrückt, ausschlagen.

Das berühmteste Gleichnis in diesem Zusammenhang ist die Geschichte vom verlorenen Sohn; als es ihm miserabel geht, hat er das Gefühl, alles verloren zu haben und nur noch Knecht sein zu können, wenn er zurückkehrt. Vom Vater aus gesehen ist das jedoch gar nicht so, er sieht ihn sofort wieder als seinen Sohn, von ihm aus ist die Vater-Kind-Beziehung gar nie aufgehoben gewesen. Er hat einfach gewartet, bis der Sohn zurückkommt, und nimmt ihn wieder auf. Das Zurückkommen ist also immer möglich. Das ist die erste Art der Unterscheidung der zwei Arten der Gegenwart, von der man die eine verlassen kann und die andere nicht.

Die zweite ist: Was ist eigentlich mit Gott gemeint? Das kann der wahre, lebendige, liebende Gott sein oder es kann auch bloß ein Gottesbild sein, das in jemandem durch äußere Einflüsse oder gar Indoktrination gewachsen ist: ein grausamer, ein fordernder Gott, ein Angst einflößender Gott. Das sind Bilder, das sind Gottesvorstellungen, und es kann durchaus heilsam und gut sein, wenn jemand das verlässt. Dadurch können heftigste Krisen ausgelöst werden, aber es ist ein Akt der Befreiung, und vielleicht kann durch diese Befreiung bei einigen ein neuer Zugang zum wahren, lebendigen Gott geschehen.

Spürt der Mensch spätestens im Tod, dass er Gott nicht verlassen hat?

Das ist meine feste Glaubensüberzeugung, dass jemand im Moment des Todes Christus begegnet. Vielleicht hat dieser Mensch zuvor gar nie den Zugang gefunden, doch in dieser Begegnung stellt er fest, dass er ihn sein Leben lang gesucht hat und nun Ja sagen kann.

In der letzten Begegnung mit Christus steckt noch einmal das Angebot: Nimm meine Liebe an. Und selbst dann, wenn sich der letzte Sinn des Lebens zeigt, hat der Mensch die Freiheit, noch Nein zu sagen. Wir werden das nie erfahren, wie der Einzelne antwortet, aber die Freiheit besteht.

Dieses Jesus-Zitat: »Mein Gott, warum hast du mich verlassen?«, was macht das mit Ihnen?

Zuerst spricht Jesus Gott ja an, deshalb legt man es auch so aus, dass er nicht den Glauben verloren hat, sondern die Erfahrung der völligen Gottesfinsternis macht, die Präsenz und die Gegenwart Gottes sind ihm nicht mehr zugänglich. Und diese Not bringt er, wie übrigens auch Hiob, wiederum vor Gott. Auch Hiob klagt, und es geht ihm miserabel, aber er bringt die Klage vor Gott. Christus hat jede nur denkbare menschliche Erfahrung in seiner Menschwerdung angenommen, und von daher weiß jeder Mensch: Was auch immer mir widerfahren ist – die schlimmsten Erlebnisse sind ja immer mit dieser kosmischen Einsamkeit verbunden –, da ist einer, der alle diese Erfahrungen bis ins Letzte hinein erlebt hat und uns versteht; das ist für mich ein ganz zentraler Gedanke.

Der klügste Text zum Thema Gott verlassen stammt von Friedrich Nietzsche, und er sagt im Grunde: Euer Abwenden von Gott, Atheisten sein zu wollen – so die Pointe, die Nietzsche auch seinen Freunden zumutet –, das ist alles so ein Salon-Atheismus, ihr habt gar nicht erfasst, was es bedeutet, Gott getötet zu haben, Gott wirklich zu verlassen.

> **FRIEDRICH NIETZSCHE (1844–1900):**
> **DIE FRÖHLICHE WISSENSCHAFT 3,125**
> *Der tolle Mensch* | Habt ihr nicht von jenem tollen Menschen gehört, der am hellen Vormittage eine Laterne anzündete, auf den Markt lief und unaufhörlich schrie: »Ich suche Gott! Ich suche Gott!« – Da dort gerade viele von denen zusammenstanden, welche nicht an Gott glaubten, so erregte er ein großes Gelächter. Ist er denn verloren gegangen?, sagte der eine. Hat er sich verlaufen wie ein Kind?, sagte der andere. Oder hält er sich versteckt? Fürchtet er sich vor uns? Ist er

zu Schiff gegangen? ausgewandert? – so schrien und lachten sie durcheinander. Der tolle Mensch sprang mitten unter sie und durchbohrte sie mit seinen Blicken. »Wohin ist Gott?«, rief er, »ich will es euch sagen! Wir haben ihn getötet – ihr und ich! Wir alle sind seine Mörder! Aber wie haben wir dies gemacht? Wie vermochten wir das Meer auszutrinken? Wer gab uns den Schwamm, um den ganzen Horizont wegzuwischen? Was taten wir, als wir diese Erde von ihrer Sonne losketteten? Wohin bewegt sie sich nun? Wohin bewegen wir uns? Fort von allen Sonnen? Stürzen wir nicht fortwährend? Und rückwärts, seitwärts, vorwärts, nach allen Seiten? Gibt es noch ein Oben und ein Unten? Irren wir nicht wie durch ein unendliches Nichts? Haucht uns nicht der leere Raum an? Ist es nicht kälter geworden? Kommt nicht immerfort die Nacht und mehr Nacht? Müssen nicht Laternen am Vormittage angezündet werden? Hören wir noch nichts von dem Lärm der Totengräber, welche Gott begraben? Riechen wir noch nichts von der göttlichen Verwesung? – auch Götter verwesen! Gott ist tot! Gott bleibt tot! Und wir haben ihn getötet! Wie trösten wir uns, die Mörder aller Mörder? Das Heiligste und Mächtigste, was die Welt bisher besaß, es ist unter unseren Messern verblutet – wer wischt dies Blut von uns ab? Mit welchem Wasser könnten wir uns reinigen? Welche Sühnefeiern, welche heiligen Spiele werden wir erfinden müssen? Ist nicht die Größe dieser Tat zu groß für uns? Müssen wir nicht selber zu Göttern werden, um nur ihrer würdig zu erscheinen? Es gab nie eine größere Tat – und wer nur immer nach uns geboren wird, gehört um dieser Tat willen in eine höhere Geschichte, als alle Geschichte bisher war!« – Hier schwieg der tolle Mensch und sah wieder seine Zuhörer an: auch sie schwiegen und blickten befremdet auf ihn. Endlich warf er seine Laterne auf den Boden, dass sie in Stücke sprang und erlosch. »Ich komme zu früh«, sagte er dann, »ich bin noch nicht an der Zeit. Dies ungeheure Ereignis ist noch unterwegs und wandert – es ist noch nicht bis zu den Ohren der Menschen gedrungen. Blitz und Donner brauchen Zeit, das Licht der Gestirne braucht Zeit, Taten brauchen Zeit, auch nachdem sie getan sind, um gesehn und gehört zu werden. Diese Tat ist ihnen immer noch ferner als die fernsten Gestirne – und doch haben sie dieselbe getan!« – Man erzählt noch, dass der tolle Mensch desselbigen Tages in verschiedene Kirchen eingedrungen sei und darin sein Requiem aeternam deo angestimmt habe. Hinausgeführt und zur Rede gesetzt, habe er immer nur dies entgegnet: »Was sind denn diese Kirchen noch, wenn sie nicht die Grüfte und Grabmäler Gottes sind?«

Kommen wir noch einmal auf das Gleichnis vom verlorenen Sohn zurück: Was passiert mit dem Sohn, der bleibt?
Die Geschichte bleibt offen. Es ist wie ein Appell, er findet die Reaktion des Vaters ungerecht, er war der liebe und brave Sohn, der andere hat alles verschleudert und wird – als wäre nichts geschehen – wieder aufgenommen, man schlachtet sogar das Mastkalb. Er kommt, so seine Überzeugung, total zu kurz. Dann geht der Vater raus zu ihm und sagt: »Du durftest stets in meiner Gegenwart sein, du bist immer bei mir gewesen. Du hattest das Größte und Schönste, die Gegenwart beim Vater, bei Gott. Warum beklagst du dich?«

Biografie | Pater Bruno Rieder, 1961 geboren, lebt seit 1988 als Mönch im Kloster Disentis. Der Benediktiner ist verantwortlich für den Klosternachwuchs und begleitet viele Menschen seelsorgerlich; als Stellvertreter des Abtes (Dekan) ist er Mitglied der klösterlichen Geschäftsleitung, zudem unterrichtet er Philosophie an der Klosterschule. Er interessiert sich besonders für Fragen der Spiritualität, der Aktualisierung der Benediktsregel und literarische Gestaltungen menschlicher Erfahrung.

Susann Mäusli, Juristin und Kulturmanagerin

Annina Hess-Cabalzar, Psychotherapeutin

»Vor allem fehlt das Reden danach«

Ihr beide habt eine besondere Variante von Verlassen erlebt – eure Männer sind gestorben. Gibt es in der Bedeutung des Begriffs Verlassen für euch einen Unterschied seit dem Tod von Christian und Markus?

SUSANN: Innerhalb von vier Jahren habe ich intensiv mit einem mir bis anhin nicht bekannten Aspekt des Verlassens zu tun gehabt. Zuerst ist meine Mutter gestorben, dann mein Vater und dann mein Mann Markus. Die Trauer und das Verlassensein hatte jedes Mal eine andere Qualität. Mit den Eltern stirbt die Kontinuität, das Kindsein, ein Teil der Familie bricht weg. Mit dem Tod von Markus sind die Liebe, die Vertrautheit, der Austausch mit einem anregenden Menschen verschwunden. Es wäre noch einmal anders, wenn meine Tochter sterben würde, davor habe ich Angst. Als Kind habe ich jeden Abend gebetet, dass niemand um mich herum sterben müsse. Damals plagte mich wohl eine große Verlustangst; das hatte sich allerdings gelegt. Mit dem Verarbeiten des Verlustes der Eltern und dem Lebensgefährten ist diese kindliche Verlustangst jedoch wieder präsent.

ANNINA: Verlassen habe ich immer stark mit »ich werde verlassen« verbunden. Mit der Angst, ein geliebter Mensch geht – ich habe damit immer eine aktive Handlung von jemandem verbunden, die auf mich zurückschlägt. Und nun habe ich die endgültige Trennung erlebt, aber ich wurde nicht verlassen – das ist ein ganz wichtiger Aspekt, und das diskutiere ich auch mit Freundinnen, die eine Scheidung hinter sich haben. Die fragen: Ist das wirklich ein Unterschied, weshalb du am Ende allein bist? Ja, für mich ist das ein Unterschied: Es hat sich etwas ereignet, eine Krankheit ist eingetroffen, Christian hat gerungen, er hat mich nicht verlassen, die Situation, das Schicksal hat erfordert, dass er die Welt verlässt. Dass wir uns trennen mussten. Das ist ein bedeutender Unterschied, auch für das eigene Weitermachen.

Wenn man in einer Liebesbeziehung verlassen wird, hat man – in den meisten Fällen – Liebeskummer, und jede/r kann aus eigener Erfahrung mitreden. Und es ist ganz furchtbar, schmerzt, oft hört man gar, die Person wolle nicht mehr leben.
SUSANN: Das sehe ich wie Annina. Ich bin nach wie vor wütend, aber nicht, weil er gestorben ist, sondern wegen der absurden Umstände, wie es passiert ist. Er hätte besser auf seine Gesundheit achten müssen, aber ich wusste ja, dass er das nicht macht, und das macht hilflos und wütend.

Noch kurz zu vorher: Eine Freundin hat zu mir gesagt: Ich beneide dich um die Art des Verlusts. Für sie ist es viel schwieriger: 20 Jahre nach der Scheidung ist sie immer noch in der gleichen Stadt wie der Mann und ist wegen der Kinder immer noch Teil seines Lebens. Sei froh, hat sie gesagt, wenn es schon vorbei sein muss, dann ist es so in letzter Konsequenz und unabänderlich und definitiv. Und er hat dich nicht wegen dir verlassen.

ANNINA: Bei vielen auf diese Weise verlassenen Menschen wird immer wieder in der Wunde gewühlt. Bei uns beiden ist es schlicht fertig – man kann grübeln, rätseln, in Abgründe starren, sich zermürben: Es ist ein Grab da. Und das ist unabänderlich.

Am Anfang habe ich an diesem Grab regelrecht dissoziiert. Ich habe das Grab immer neu und dicht bepflanzt und nichts dabei empfunden. Ich habe mich vollständig verlassen. Erstarrt. Dann bin ich nach Hause, und da brach jeweils der Gefühlssturm aus. Alles wird zur Anstrengung. Die gemeinsame Wohnung wollte ich auf keinen Fall verlassen. Und da kommt das wieder auf: Christian hat mich nicht gekränkt, es ist ein Schicksalsschlag, den er meistern musste. Und das hat er auch, er ist den Weg sehr bewusst gegangen. Auch der Abschied – wir wurden nach 42 Jahren getrennt –, aber wir haben einander nicht verlassen. Wir waren bis zuletzt tief verbunden.

Also ich bin bezüglich Scheidung oder Tod nicht so sicher, ob ich am Ende nicht doch lieber einmal bei ihm klingeln können möchte. Und für unsere drei Kinder und die Enkel ist es schon ein massiver Unterschied, dass sie ihren Vater und Großvater für immer verloren haben.

Ich muss einen Bildersturm vornehmen, ich muss meine Vorstellungen verlassen, wie ich dachte, dass unser Leben sein werde. Und ich muss meine Identität massiv verändern – mich hat der Tod von Christian in tausend Stücke zerschlagen. Meine bisherigen Empfindungen, meine Identität, ganz viele Meinungen zu irgendetwas muss ich neu finden, muss überlegen, gehört das noch zu mir oder nicht mehr.

SUSANN: Das kenne ich. Ich musste bspw. umziehen, obwohl ich zuerst dachte, dass ich in unserer gemeinsamen Wohnung weiterleben wolle und alles bewahren, was von ihm noch ist. Auf einmal war ich gar nicht mehr gerne in dieser Wohnung, die Erinnerung wurde zu schwer.

Was ist besonders schwierig – sind es tatsächlich die Geburtstage, die Feiertage oder eher ganz was anders?

SUSANN: Die Geburtstage spielen sicher eine Rolle, aber auch alle anderen Tage. Das, was Annina vom Grab erzählte, finde ich bemerkenswert. Ich vermeide es, ans Grab zu gehen, und ich habe mich schwergetan mit dem Grabstein – die Entscheidung, wie der letzte Ort gestaltet sein soll, habe ich lange weggeschoben. Jetzt plane ich etwas mit einer Künstlerin, nur für ihn, aber im Bewusstsein, dass wir später dort zusammen liegen werden.

ANNINA: Darum setze ich keinen.

SUSANN: Es ist die letzte Tat für ihn, denn sein Geschäft habe ich bereits aufgelöst und an Nachfolger übergeben, die seine gestalterische und unternehmerische Haltung weiterpflegen. Es bleibt immer noch viel zu ordnen, ich merke aber, dass ich das hinauszögere.

ANNINA: Für mich gibt es deutliche Phasen. Am Anfang war ich völlig zerschmettert, habe einfach irgendwie funktioniert. Extrem schlimm war für mich das Aufwachen am Morgen – es ist kein Traum, es ist Realität –, und ich dachte, ich halte das nicht aus. Dann habe ich ihn aufgebahrt vor mir gesehen oder auf der Intensivstation, und angefangen zu singen. Ich, die nie singe, musste singen, ich musste mich hören, sonst hätte ich mich ganz verloren. Und ganz schlimm war für mich, dass niemand mehr am Morgen »Der Kaffee ist parat« gerufen hat. Es war ein wichtiges Ritual, er rief seit Jahrzehnten »Kaffee«, und beim dritten Mal, wenn es hieß, »Der Kaffee wird kalt«, bin ich dann aufgestanden, und wir haben zusammen gefrühstückt. Oder am Abend ins Bett gehen und keiner ist da. Oder einkaufen, das war seine Domäne, und plötzlich fehlte es an vielem im Haushalt, weil es mir nicht in den Sinn kam.

Als ich allmählich wieder ein kleines bisschen auftauchte, waren es schon die Geburtstage, denn die sind für mich und alle in unserer Familie sehr wichtig. Das ist der Tag für uns, und entsprechend schwer war es für alle.

SUSANN: Vielleicht hätte man sich noch verabschieden können, das ist das Schlimme, er ist wirklich aus dem Leben gefallen, ich konnte nicht mehr mit ihm sprechen.

ANNINA: Der fast kitschige Rilke-Spruch: »O Herr, gib jedem seinen eigenen Tod. Das Sterben, das aus jenem Leben geht, darin er Liebe hatte, Sinn und Not.« So wie du erzählst, war es schon sein Tod. Deine Hypothese lautet: Wenn er sich mehr um sich gekümmert hätte, dann hätte er länger gelebt und ihr mehr Zeit miteinander gehabt. Das ist aber nicht sicher.

Lässt der Schmerz nach mit der Zeit?

SUSANN: Ich wusste sofort, ich muss umgehend weitermachen und lasse mich nicht gehen. Für gewisse Menschen war das sicher irritierend – ich kam mir selbst oft vor wie ein Hamster im Rad. Das hat sich inzwischen gelegt, von dem fast zwanghaften Aktivismus habe ich mich mittlerweile gelöst.

Was mir gutgetan hat, war der Lockdown. Das war für mich sehr heilsam, ich musste nämlich gar nichts. Alles Private konnte ich runterfahren, und das ging sehr gut, weil ich schon immer gern mit mir allein war.

ANNINA: Für mich war der Lockdown zu Beginn eine Katastrophe, denn der kam schon fünf Monate nach Christians Tod. Die Kinder entschieden richtig und kamen nicht mehr zu mir, um mich nicht zu gefährden, und ich saß da und dachte mir, das halte ich nicht aus, auf keinen Fall.

Manchmal stand ich auf meiner Terrasse im fünften Stock und dachte mir, warum strample ich mich so ab. Ein Schritt, und alles ist vorbei. Die Sehnsucht nach Christian war so stark – der Sog war enorm. Im Lockdown habe ich mir dann eine Woche Zeit gegeben: Entweder reduziert sich der Sog, oder ich muss meine Wohnsituation verändern. Den Bezug zur Realität habe ich nie ganz verloren, aber ich dachte oft: Wie soll das Leben weitergehen, das schaffe ich nicht, denn ich war wie zerfetzt. Die ältere Tochter war dann zweimal pro Woche bei mir im Homeoffice. Das half.

SUSANN: Diesen Sog kenne ich auch, aber der Gedanke an meine Tochter war stärker. Und es gab den Dackel meines Vaters, den ich nach dessen Tod zu mir genommen habe. Seine Bedürfnisse gaben Struktur, ich musste ihm nichts erklären, und er hat trotzdem meine Stimmungen aufgenommen.

ANNINA: Bei uns war die ganze Krankheitsphase kurz. Es ist alles so schnell gegangen. Wie war das bei euch?

SUSANN: Innerhalb von zwei Wochen ist alles passiert.

ANNINA: Da kommt man ja gar nicht mit. Christian lag einen Monat immer bei Bewusstsein und präsent auf der Intensivstation. Die Kinder und ich wechselten uns tagsüber an seinem Bett ab. Das Zusammensein war so tragend und wichtig. Es ging rauf und runter. Hoffen und Bangen. Die Situation verbesserte sich, wir haben gehofft, und dann kam der Abschied dennoch.

SUSANN: Markus kam wegen einer Blutvergiftung ins Spital, und natürlich hätte er früher zum Arzt gehen müssen, aber er hatte wie immer keine Zeit, weil er gerade an einer spannenden Entwicklung war. Gestorben ist er dann an einem Herzinfarkt. Seit er die Herzprobleme hatte, habe ich ab und zu nachgefragt, ob er nicht mit einem Mitarbeiter langsam mal das Gespräch suchen wolle bezüglich der Übernahme der Firma. Ja, ja, das mache ich dann schon, hat er stets abgewunken, es war kein Thema für ihn. Seine Devise war: Von der Arbeit direkt ins Grab. Das hat er geschafft, und das war mein einziger Trost.

Markus war nicht lange krank, er hatte zwar einen Herzschrittmacher, und erst im Nachhinein wurde ihm klar, weil es die Ärzte entdeckt hatten, dass er bereits drei kleinere Herzinfarkte erlitten hatte. Und der letzte war einfach zu viel für sein Herz.

Sind all die guten gemeinsamen Jahre ein Trost?

SUSANN: Die sind für mich ein großer Trost.

ANNINA: Das erlebe ich auch so.

SUSANN: Markus war Industriedesigner und hat gebrannt für seine Projekte und seine Familie, wir waren praktisch 24 Stunden am Tag zusammen, denn ich war beruflich Untermieterin in seinem Atelier. Das war toll, der Austausch privat und beruflich. Ich habe die luftigen Räume übernommen und bin oft dort, das ist wie heimzukommen in eine andere Zeit.

Ihr seid Witwen – was bedeutet der Begriff für euch?
ANNINA: Frag mich mal, wie oft ich das Buch »Weiterleben, weitergehen, weiterlieben« von Cornelia Kazis bekommen habe. Also das sechste schicke ich zurück ...
SUSANN: Ich habe es nie bekommen.
ANNINA: Bei dem Wort Witwe hatte ich zu Beginn immer ein körperliches Schaudern, Ablehnung. Das Wort hat mit mir nichts zu tun.
SUSANN: Verbrennung fällt mir ein bei dem Wort, in Indien sind Witwen rechtlos und werden verbrannt. Für mich spielt dieser Zivilstand keine Rolle, ich hatte ja auch nie das Bedürfnis, sagen zu müssen: »Ich bin eine verheiratete Frau.« Es hat eine Relevanz für die Steuern, ansonsten kümmert es mich nicht. Andere sind ja auch alleine.
ANNINA: Langsam ist es o.k. für mich, man nennt diesen Zustand so, und ich bin ja auch eine. Was man als Witwe bekommt, das ist sehr viel Zuneigung. Wenn sich jemand scheiden lässt – wer gibt dann Zuneigung und Trost? Später muss man auch als Witwe etwas dazu beitragen, damit man noch alleine eingeladen wird, dass die Beziehungen erhalten bleiben.

Ich habe sehr viele Kondolenzkarten bekommen und konnte erst nach einem Jahr reagieren und eine Dankeskarte schicken. Im Wohnzimmer lag ein Meer von Karten, und da habe ich mich manchmal einfach mitten hineingesetzt. Die große Anerkennung von Christian als bedeutender Mensch und Arzt sowie von seinem Lebenswerk hat mir Kraft gegeben und mich getröstet.

Was ganz schrecklich ist: die ungerade Zahl. Zu dritt oder zu fünft am Tisch. Oder wir sind Wandern gegangen, und statt wie bisher vier Paare waren es nun drei und ich. An den Tischen habe ich immer nur den leeren Stuhl gesehen, ich konnte mich kaum konzentrieren.
SUSANN: Mir erging das auch so. Ständig habe ich überlegt, wie ich die Lücke fülle, und habe schließlich die Stühle versetzt aufgestellt, dann fällt sie nicht so auf.

Vor allem fehlt mir das Reden nach gemeinsamen Erlebnissen. Egal, um welche Zeit wir nach Hause kamen oder unsere Gäste gegangen waren – wir haben immer noch lange in der Küche miteinander gesprochen. Das vermisse ich sehr, das Vertraute, der Humor, die Auseinandersetzung, das fehlt mir enorm.

Wie fühlt es sich an, ohne Christian, ohne Markus zu sein, irgendwohin zu gehen?

SUSANN: Ich bin schon immer auch alleine unterwegs gewesen, weil ihn manches weniger interessiert hat und er lieber zu Hause seine Musik hörte. Für mich war das in Ordnung, und ich bin es gewohnt.

ANNINA: Das Leben alleine empfinde ich als äußerst anstrengend. An einen Vortrag kann ich problemlos alleine gehen, aber an ein Fest, das fällt mir schwer. Die erste Hochzeit, uff, da haben mir die Gastgeber sehr geholfen, die haben sich sehr liebevoll um mich gekümmert. Darauf bin ich immer noch angewiesen, denn ich bin sehr in Gefahr abzusacken, wenn ich mich in der Fröhlichkeit um mich herum isoliert fühle. Und dann vermisse ich ihn ganz extrem.

Inzwischen habe ich sehr viel gelernt in dieser Hinsicht, und früher war auch ich nicht besonders sensibel diesbezüglich anderen gegenüber.

SUSANN: Besonders am Anfang war die Fürsorglichkeit der Menschen sehr wichtig und schön. Inzwischen brauche ich es nicht mehr so sehr.

Wie präsent sind Markus und Christian für euch? Wie stark bezieht ihr sie in euren Alltag mit ein?

SUSANN: Präsent ja, und an ihn denken, das tue ich täglich, ihn in den Alltag einbeziehen eher nicht.

ANNINA: Bei mir ist es eher »nicht mehr immer«, im ersten Jahr war es andauernd. Manchmal konnte ich fast nicht mit dem Tram fahren wegen des leeren Platzes neben mir, und dann bin ich gelaufen. Das Nachhausekommen in die leere Wohnung war sehr schwer. Das hat sich gewandelt. Und ich frage mich bei Entscheidungen seltener, was würde er jetzt machen oder sagen.

Ihr habt beide erwachsene Kinder – wie sehr konntet ihr sie in euren Prozess mit einbeziehen und wie sehr konnten sie euch beistehen respektive ihr ihnen?

SUSANN: Die schon zuvor enge Bindung zwischen dem einzigen Kind und mir hat durch das Unglück wohl nochmals eine neue Dimension erfahren. Es war mir wichtig, dass meine Tochter weiß, sie ist nicht für meine Befindlichkeit zuständig. Sie ist also kurz nach dem Tod ausgezogen wie geplant, und das ist gut so, für uns beide. Natürlich ist sie mein Glück.

ANNINA: Deine Tochter ist alleine, bei mir sind es drei erwachsene Kinder mit Familien. Es war eine traditionelle Situation, sie mussten sich um uns Eltern nie sorgen. Sie sind ausgezogen und ihre Wege gegangen im Bewusstsein, wir haben einen sicheren Hafen.

Das veränderte sich. Sie waren ab dem Tag der Diagnose sehr präsent, besorgt, übernahmen Aufgaben und unterstützten uns und sie sich gegenseitig. Wir waren in den Stunden des Sterbens alle eng verbunden miteinander. Nach dem Tod habe ich sie wirklich gebraucht, das war total neu für mich. Ich war wochenlang unendlich froh, dass sie mir halfen.

Christian starb am Abend. Irgendwann sind alle mit Tram oder Velo zu sich nach Hause gefahren. Der Sohn fuhr mit mir. Unfassbar alles. Schrecklich. Keine Stunde später stand die jüngste Tochter mit ihrem Partner und dem Koffer da bei mir, um ein paar Tage bei mir zu bleiben.

Immer wieder haben die drei mit ihren Familien in dieser Art sich untereinander abgesprochen, ohne dass ich irgendetwas erwähnt habe, und haben übernommen, waren alle da. Ich war dafür unendlich dankbar. Es war für sie auch ein Trost, bei mir und in unserer Wohnung zu sein und über alles sprechen zu können, haben sie gesagt.

Jetzt sind wir uns weiterhin sehr nahe und sind immer wieder auch zusammen traurig. Zugleich bemühe ich mich, sie freizulassen. In meinem Beruf als Psychotherapeutin habe ich zu viele übergriffige Mütter gesehen, die eine Verlustsituation dazu benutzt haben, die erwachsenen Kinder wieder an sich zu binden. Das will ich auf keinen Fall.

SUSANN: Das sehe ich genauso.

Wann und in welcher Situation habt ihr gespürt, dass ihr euch selbst wieder lebendig, wieder lebensfroh fühlt?

SUSANN: Es ist einfach anders als früher, und ich glaube nicht, dass die alte Leichtigkeit, die Unbeschwertheit noch einmal zurückkommt.

ANNINA: Die Leichtigkeit, das Unbeschwerte fehlen, ich weiß nicht, ob das wiederkommt, dafür bin ich wohl noch zu wenig neu entstanden. Mir fällt es auf, wenn ich lache, und dann denke ich, aha, da regt sich wohl etwas.

Neben all dem Schmerz des Fehlens von Christian konnte ich mich immer freuen an den Enkeln, über unsere Familientreffen, über unsere Liebe. Es ist mehr eine stille, innere Freude. Ich bin jetzt noch viel dankbarer fürs Zusammensein auch im Freundeskreis und finde das überhaupt nicht selbstverständlich, dass man sich nahe ist.

SUSANN: Es ist nun etwas mehr als vier Jahre her, und am Anfang ist alles unfassbar intensiv. An vieles aus dem ersten Jahr kann ich mich gar nicht mehr erinnern, ich weiß gar nicht mehr, wie ich diese Zeit gemeistert habe. Funktioniert, das beschreibt es am besten, ich habe einfach funktioniert.

Mit der Zeit hat diese Intensität zum Glück nachgelassen. Mit dem Lockdown habe ich mich beruhigt, denn es gab kaum Aktivitäten, und man wurde nur selten eingeladen, es kehrte Ruhe ein.

Der Alltag selbst verändert sich nicht, ich habe nun meinen Alltag und langsam auch Freude daran – zum Beispiel meine neue Wohnung, sie ist nur für mich alleine. Bisher habe ich immer in WGs gewohnt und die letzten dreißig Jahre mit Markus. Er war für die Einrichtung zuständig und er hat das auch rasend gut gemacht. Nun bin ich das, und manchmal denke ich, das würde ihm auch gefallen.

ANNINA: Christian und ich haben ab und zu darüber gesprochen, wer von uns zuerst geht und wer wohl bei wem am Grab steht, und ich habe das dann stets abgeklemmt. Denn aus Sicht der Familiengeschichten war völlig klar, dass ich zuerst sterbe oder in einer Demenz versinke. Die ganze Familie Hess ist steinalt geworden – seine Eltern sogar 95 und 97 Jahre. Dass er doch relativ früh sterben würde, war gar nicht im Blick – er war Arzt, er war gesund, er hat weder geraucht noch sonst unsorgfältig gelebt. Ich kann es immer wieder nicht fassen.

Was war/ist eure größte Stütze in der schwierigsten Zeit und wirkt das immer noch?

ANNINA: Die Liebe zu ihm.

SUSANN: Das würde ich unterschreiben. Und der Nachklang, wenn ich an ihn denke, es gibt immer wieder warm.

ANNINA: Wir haben alle unsere Kämpfe miteinander ausgefochten und in der Regel stets sofort. Mich plagt nichts aus der Vergangenheit, und das ist sehr stützend. Es gab nichts, was noch hätte geklärt werden müssen. Das trägt. Christian war bis zuletzt sehr bewusst da, und wir konnten uns tief verbunden verabschieden.

Könntet ihr euch noch einmal eine Beziehung vorstellen? Oder zumindest für möglich halten?

SUSANN: Das habe ich mir noch gar nie überlegt. Vielleicht kommt jemand, und ich finde, der ist interessant. Ich würde jedoch vermutlich – ich weiß es nicht, das ist nur ein Gefühl – nie mehr mit jemandem so nahe sein wollen.

Ich hatte verschiedene Lieben, aber keine solche wie mit Markus. Wir haben uns relativ spät kennengelernt, ich war 29 und er sieben Jahre älter. Als ich ihn traf, wusste ich, mit ihm will ich zusammen sein. Er war ein sehr interessanter Mann und hatte einen tollen Humor, er war gescheit, hat gerne gegessen und das Leben geliebt. Markus war ein toller Mann und ein toller Mensch. Ein großes Glück.

ANNINA: Wenn man dieses Glück hat – das ist so außergewöhnlich. So schön. Wir haben uns in all den Jahren immer Briefe geschrieben und immer wieder festgehalten, dass unser Glück nicht selbstverständlich ist, dass wir dankbar sind für alles. Es konnte uns nichts Besseres passieren, als einander zu lieben.

SUSANN: Uns war das auch sehr bewusst. Für das Gemeinsame hatten wir eine große Wertschätzung.

ANNINA: Bei der Frage nach einer neuen Beziehung muss ich passen. Selbst wenn jetzt jemand auftauchen würde – ich habe mich noch nicht wieder gebündelt. Gleichzeitig kann ich nicht ausschließen, dass ich in eine Phase komme, in der ich dazu bereit bin. Ich höre aber gelegentlich, dass es in unserem Alter keine passenden Männer gebe.

SUSANN: Die Frage stellt sich in jedem Alter.

ANNINA: Nicht einmal ins Kino habe ich es bisher geschafft. Denn wenn der Film begann, hat Christian meine Hand gehalten. Das hat dazu gehört, und nun hält mich keiner mehr. Der Platz bleibt leer. Und das soll jetzt für immer mein Leben sein? Ich weiß nicht, will ich das?

SUSANN: Aber es muss doch schon der Richtige sein, der deine Hand hält?

ANNINA: Da wird es mir zu konkret, und ich fange an zu bocken. Kürzlich habe ich deswegen geweint und mich gefragt, ist das jetzt wirklich mein Leben, nie mehr mit einem Mann Hand in Hand durch die Stadt zu laufen. Werde ich nie mehr neben einem Mann erwachen? Nie mehr diese Nähe erleben? Nie mehr, also das finde ich –

Doch für diese Bereitschaft ist folgende Klärung wohl sehr wichtig: Was habe ich jetzt für eine Beziehung zu Christian. Dann kommt die Frage: Was ist denn nach dem Tod, kann man eine Verbindung schaffen? Wir müssen die Beziehung erneuern und verändern, transzendieren. Solange ich Christian hier in seiner weltlichen Körperhaftigkeit suche, kann ich nicht weitergehen. Es gibt sie, die Momente, in denen ich ihn aus anderen Welten sehr nah spüre. In unseren letzten gemeinsamen Minuten erlebten wir das Hiersein und das Mitschwingen anderer Welten, Hinweise auf geistige Dimensionen.

Wenn ich darauf vertraue, dass er jetzt seine Aufgabe hat, wie auch immer, und ich habe meine – so war auch unser Leben –, und wenn man die Antennen nicht abzwackt, dann gibt es Augenblicke, in denen sich die Welten berühren. Natürlich tauchen auch gleich Zweifel auf, schaltet sich der Kopf ein und sagt Nein, doch dann kommt wieder die Ruhe und das Vertrauen, keine Ahnung, warum das passiert ist, und ich kann und muss es nicht wissen, ich kann es nicht durchschauen, doch ich vertraue darauf, dass sein Wesen – wie auch immer – eine Form von Existenz hat, und meine ist noch eine andere.

Ich gehe jede Woche ans Grab, denn die Kerze muss immer brennen, sonst bin ich unruhig. Kürzlich war ich dort und habe es fast physisch erfahren: Wir bringen ja nicht einmal die Materie aus der Welt, selbst wenn man die Asche verstreut und sie transformiert ist, bleibt sie existent. Wie einfach ist es dann gedacht, dass sich das Seelisch-Geistige auflösen würde. Das muss man aufnehmen, darum ringen, was ist es, und herausfinden, wo finde ich mich ein.

SUSANN: Was du schilderst, ist für mich sehr eindrücklich. Markus hat sich nicht dafür interessiert, was mit ihm in so einem Fall geschieht. Er hat auch nicht an ein Nachher geglaubt. An der Beerdigung passierte etwas Spezielles. Wir standen im engsten Familienkreis – meine drei Brüder und ihre Familien – an seinem Grab. Es war eiskalt, und ich hatte wegen der Zeremonie Markus gegenüber ein schlechtes Gewissen, denn er war ja zum erstmöglichen Zeitpunkt mit Vehemenz aus der Kirche ausgetreten. Auf dem Grab gab es ein Holzkreuz, das die Pfarrerin erfolglos für die Segnung aus der Erde ziehen wollte. Daraufhin sind meine Brüder mit vereinten Kräften angetreten, aber es war nichts zu machen. Und ich hatte sofort das Wissen, dass Markus das Kreuz von unten festhält – er ist nicht einverstanden, wohl mit allem nicht – es war wie ein letzter Gruß.

Das mit der Materie stimmt für mich ebenfalls, denn für mich ist er da. Das Katholische und das Jenseits, die andere Welt, all das hat mich geprägt, und ich glaube daran.

Was können andere tun?

ANNINA: Oft konnte ich nicht reagieren, nicht einmal mehr das Telefon abnehmen. Aus dieser Erfahrung kann ich empfehlen, was mir geholfen hat: das Wissen, es gibt einen Kreis von Leuten, die trauern selber auch und die verlassen mich nicht, selbst wenn ich nicht reagiere. Dass man einen in diesem Ausnahmezustand akzeptiert und dabeibleibt.

SUSANN: Nicht reagieren zu können ist mir vertraut, ich konnte oft auch nicht einmal das Telefon abnehmen, weil die Anteilnahme schon zu viel war. Die vielen Trauerkarten nur schon zu lesen war schlimm.

ANNINA: Ich musste mich dahin bringen, mir keine Vorwürfe zu machen und mir zugestehen, dass ich nicht kann. Schon beim Einstellen einer Telefonnummer habe ich geweint.

SUSANN: Das habe ich mir zugestanden und bewusst erlaubt, ich habe zum Beispiel keine Karte beantwortet, weil ich es beim besten Willen nicht konnte. Ich habe jedoch alle Karten behalten, eine große Schachtel voll, und irgendwann nehme ich die mal hervor und lese sie wieder, das weiß ich. Darunter sind auch Karten von Menschen, die ihn von früher kannten und denen ich nie begegnet bin.

ANNINA: Ich bewahre die Karten auch für die Kinder auf, vielleicht wollen sie die später wieder einmal lesen. Für mich sind sie wie eine Kraftquelle. Es war schön, dass so viele Leute an ihn und uns alle denken.

SUSANN: Das stimmt, das hat etwas Beruhigendes, etwas Schönes. Es hat beides da drin – es hat mich sehr getröstet und zugleich auch sehr traurig gemacht.

ANNINA: (zu Anne) Du hast auch geschrieben – »Er war schon immer ein Visionär und ist uns nur vorausgegangen«, das haben alle in der Familie wichtig gefunden.

Biografie | Annina Hess-Cabalzar, 1951 geboren, ist Psychotherapeutin und Co-Präsidentin der von ihr und Christian Hess gegründeten Akademie Menschenmedizin (www.menschenmedizin.ch). Sie ist Präsidentin der Vereins St. Peter, Altstadt Zürich. Sie war 42 Jahre mit Christian Hess verheiratet, der am 25. September 2019 nach kurzer, schwerer Krankheit verstarb.

Biografie | Susann Mäusli, 1957 geboren, ist als Juristin/Kulturmanagerin u.a. Geschäftsführerin des SGV Schweizer Grafiker Verbands und der Emergency Switzerland Foundation. Sie war 33 Jahre mit Markus Bruggisser zusammen, seit der Geburt der Tochter 1994 verheiratet. Markus Bruggisser verstarb unerwartet am 15. Februar 2018.

Vom Abschied einer Freundschaft

Anne Rüffer

Von dem Moment an, in dem wir im anderen etwas erkennen, eine Geste, ein Blick, ein Wort uns erreicht, beginnen zwischen den Menschen unsichtbare Kräfte zu spielen, und wir entwickeln für dieses Gegenüber ein Gefühl, eine Form der Nähe, nennen wir es Sympathie. Aus einer ersten Anziehung kann Interesse entstehen, aus der Erfahrung von Gemeinsamkeit baut sich Vertrauen auf, und schließlich sind wir bereit, die/den andere/n als Freundin, als Freund zu bezeichnen. Von denen, bei denen sich dieser magische Moment nicht einstellt – was auch nicht wenige sind im Lauf eines Lebens –, soll hier nicht die Rede sein.

In unserer Alltagssprache wird dem Begriff der Freundschaft viel Aufmerksamkeit geschenkt: Wir sprechen von »der besten Freundin«, wir kennen den »Freundschaftsbeweis«, wir unternehmen »Freundschaftsbesuche«, und wenn wir als gut befunden wurden, werden wir wohlwollend in einem »Freundeskreis« willkommen geheißen. Aristoteles nannte Freundschaft gar »eine Seele in zwei Körpern«. Die angemessene »Freundschaftspflege« füllt ganze Seiten in Zeitschriften, es gibt ultimative Tipps dafür, wie Freundschaften gelingen, man kann sich inzwischen von Apps und Websites sogar geeignete Freunde suchen lassen. Und wohl dem, der »in der Not auf einen Freund zählen kann«. Es kann uns aber auch blühen, dass wir nicht in den hippen Kreis der Auserwählten aufgenommen werden, dass wir »draußen vor der Tür« stehen bleiben müssen, wenn die witzigen, schönen Mädchen und Jungen geheimnisvoll tuscheln und sich bedeutsame Blicke zuwerfen. Wenn es unter all den langhaarigen In-Girls mit Namen Manuela, Katharina oder Ilka kein Platz für ein ungelenkes Mädchen mit dicker Brille und Igelschnitt gibt. Allerhöchstens auf der Reservebank.

»Freunde sind Gottes Entschuldigung für Verwandte.« – George Bernhard Shaw

In der klassischen Literatur wie in modernen Kinofilmen ist Freundschaft in all ihren Facetten ein dankbares Motiv. Schriftsteller und Filmemacher erzählen in poetischen Worten und betörenden Bildern die Geschichten von tiefen, wahren, unvergänglichen Freundschaften, auch solche von verratenen, zerbrochenen Freundesbeziehungen, von denen einige in flammenden Feindschaften enden. Die fiktionalen Geschichten von Freundschaften rühren uns oft zu Tränen, denn in ihnen spiegelt sich die uralte Sehnsucht nach einem Du, dem man »blind« vertrauen, auf das man sich zu hundert Prozent verlassen kann. Und ist nicht das Ritual der Blutsbrüderschaft genau das? Wie bei Winnetou und Old Shatterhand. Ein Treueschwur für die Ewigkeit, egal, wohin das Schicksal uns verschlägt, unwichtig, wie hart am Wind wir segeln müssen – allein das Wissen, dass der Blutsbruder da draußen ist … Sobald man über das Karl-May-Alter hinausgewachsen ist, nennt man diese Art der Verbindung auch Soul-Mate.

Dieses Vertrautheitsgefühl zu einem anderen Menschen fängt mit etwa sieben Jahren an und hört nie auf, wenn man es einmal erlebt hat. Das ganze Leben jagt man diesem »Leberwurstbrot«-Gefühl hinterher. Die alles entscheidende Frage: Würde ich dieses Mädchen von meinem Leberwurstbrot abbeißen lassen? Würde ich seine Mutter anlügen, um diesen Jungen zu decken? Würde ich Schmiere stehen, wenn sie etwas Verbotenes tut? Würde ich –

Meine Leberwurst-Freundin trug den nahezu gleichen Vornamen, wir waren unzertrennlich, selbst als die Eltern miteinander über Kreuz lagen. Und doch lief es eines Tages auseinander, andere Schule, andere Lebensentwürfe, ich ging fort – sie blieb dort.

*

Jeder sucht »Freund:innen fürs Leben«, denn wenn die Welt um einen herum zusammenbricht, was nutzen dann Wohlstand oder Meriten? Was helfen Macht und Geld, wenn man jemanden braucht, dem man die größten Sorgen anvertrauen kann und der einem die Hand hält, wenn das Herz vor Angst schier zerspringen will? Ein Umstand, der mich sehr nachdenklich stimmte, war die Erfahrung, dass Mitleid leichter zu erhalten ist als Mitfreude. Im Mitleid – und das ist wohl menschlich – leide ich buchstäblich mit dem anderen mit und bin ihm dadurch im Leiden ganz verbunden, aber nicht wirklich bei ihr. Menschen, die eine tiefe innere Entwicklung durchlebt haben, brauchen diese Art der symbiotischen Leidensgeschichte nicht, um Nähe zu empfinden. Diese Freunde verwechseln Mitleid nicht mit echtem Mitgefühl, das von warmherzigem Interesse für den anderen zeugt. Sie sind in der Lage, bei sich zu bleiben, sie brauchen weder Leid noch Glück vom Gegenüber, um sich selbst stark zu fühlen; sie sind in der Seele frei – sozusagen weise geworden – und spüren deswegen beim großen Glück einer Freundin, eines Freundes auch keinen Stich von Neid.

Wenn man genau hinschaut, dann lernt man mit der Zeit zu erkennen, wer die Freundin ist, die sich aus tiefstem Herzen mit uns freut, wenn uns etwas ganz besonders gut gelungen ist; wer der Freund ist, der sich neidlos mit und für unser Glück freuen kann. Schaut man sich aus dieser Sicht den Kreis der Menschen an, die einen umgeben, wird man zurückhaltend, wen man als Freundin, als Freund bezeichnet oder wer eher zum Kreis der guten Bekannten gehört. Und wie weit man selbst bereits auf diesem Weg gekommen ist.

Im Lauf des Lebens zeigt sich, dass kaum eine Beziehung so viel aushält wie die der Freundschaft. Wenn eine Liebe zu Ende geht, ist der/die Freund:in zur Stelle, um zu trösten. Sind wir gefordert, unser Bestes zu geben – beruflich oder privat –, ist es der/die Freund:in, der/die uns unablässig ermutigt, die Herausforderung anzunehmen. Gilt es eine schwere Entscheidung zu treffen, finden wir in der Freundin, im Freund den ruhig zuhörenden Menschen, der uns erlaubt, unsere Gedanken, Überlegungen und Gefühle laut denkend zu entwickeln; sie bieten den wohlwollenden Raum, in dem man sich selbst ohne Be- oder gar Verurteilung erproben kann. Ein/e gute/r Freund:in hält uns aber auch den Spiegel vor, wenn wir uns wieder einmal in Illusionen verrennen; ein/e gute/r Freund:in verschont uns nicht vor unangenehmen Wahrheiten – er/sie hält diese jedoch gemeinsam mit uns aus. Der Blick der Freundschaft ist kritisch und wohlwollend zugleich; was die zwei Augen der Freundin, des Freundes sehen, teilen sie mit uns und stehen uns bei, wenn wir durch schwierige Prozesse gehen und dabei auch unseren weniger schönen Seiten selbst begegnen. Was der/die Freund:in in heiklen Situationen beobachtet, ist bei ihr gut aufgehoben und bleibt bei ihr, und wenn wir uns mit ihm/ihr daran erinnern, ist dies stets mit dem Gefühl verbunden, jemanden an seiner Seite zu wissen, der einen in verletzlichsten Momenten erlebt hat. Ein Mensch, der dabei war und geblieben ist.

Der amerikanische Genetiker und Nobelpreisträger 2017 für Medizin Jeffrey C. Hall zusammen mit M. Rosbash und M. Young untersuchte, wie Freundschaften entstehen. Er fand heraus, dass es 50 gemeinsame Stunden vom Bekannten zum/zur Freund:in braucht, 90 weitere Stunden, um zum/zur guten Freund:in zu avancieren, 200 Stunden Beisammensein notwendig sind, um beste Freund:innen zu werden.

Wie wahr es ist, dass sich in schweren Zeiten die Spreu vom Weizen trennt, ist gerade bei der Freundschaft zu beobachten. Stürzt der einst Bewunderte vom Sockel und wird gesellschaftlich geächtet – wer stellt sich noch an seine Seite? Ist der/die lebhafte, aktive Sportler:in nur noch müde und ausgelaugt durch die zehrenden Jahre des unablässigen Wettkampfs – wer sucht dann ihre Gesellschaft? Führen Trennungen von Paaren meist dazu, dass sich auch die gemeinsamen Freund:innen für die eine oder andere Seite entscheiden (oder glauben, es zu müssen), zeigt es sich in Krisen noch viel mehr, wer Freundin, wer Freund bleiben kann und das auch will, oder von wem man sich endlich trennen sollte. Oder die einfache Tatsache, dass die Gemeinsamkeiten – Kinder im gleichen Alter, der Arbeitsplatz und die Hierarchiestufe, das Studium – nicht mehr gegeben sind, dass man sich, ohne es richtig zu bemerken, immer häufiger nichts mehr zu sagen hat und die Beziehung zunächst auf Sparflamme laufen lässt, bis eine/r von beiden das Flämmchen ausgehen lässt.

*

Die vermutlich größte Herausforderung ist der Moment, in dem eine »Freundschaft aufgekündigt wird«, wenn es gar zum definitiven »Freundschaftsbruch« kommt. Denn das verursacht häufig ebenso viel Leid wie die Trennung von einer Liebe. Vermutlich ist das mit dem Trennen in einer Freundschaft schwerer als in einer Liebesbeziehung. Denn wenn man sich neu verliebt (in jemand anderen) ist es relativ klar, warum man die bisherige Partnerin verlässt. Doch gibt es so etwas wie sich ent-freunden, so wie man sich ent-fremdet und schließlich ent-liebt, weil man den Glanz in den Augen des/der Partner:in nicht mehr sieht?

Dass sich Menschen unterschiedlich entwickeln, klar doch, ist bekannt, und dann ist es eben leider so. Tut weh, es mehren sich die Anzeichen, die man lange übersehen kann, es geschieht eher schleichend – das Realisieren wie der Schmerz –, aber das Leben geht weiter, man kommt drüber hinweg. Doch wie sieht es aus, wenn der Jugendfreund auf einmal alles das, was einen einst verband, negiert oder gar verteufelt, wenn sich die einst intensiv vertretenen Werte nicht mehr beschwören lassen? Wie kann man einer Sandkastenfreundin die Treue halten, wenn die Basis der Beziehung – felsenfestes Vertrauen und Verlässlichkeit – warum auch immer nicht mehr gegeben ist? Zahlt man dann mit gleicher Münze zurück, streitet verbal, bis der andere am Boden liegt, und steigt dann über sie hinweg? Hält man auch die andere Backe hin und haucht mit aller Kraft den einstigen Nibelungen neues Leben ein? Oder fasst man den Entschluss, sich von diesem Menschen bewusst zu trennen. Denn: Mit ihnen Zeit zu verbringen tut nicht gut – weder im Kopf noch in der Seele. Anders gesagt: Nach einem anstrengenden Tag mit ihnen auszugehen und feststellen zu müssen, dass man noch leerer nach Hause kommt, als man sich zu Beginn des Abends fühlte, ist der letzte Moment zu entscheiden, sich nicht länger und vor allem auch noch freiwillig diesen Energy-Suckern auszusetzen.

*

Auf einer Skala von 1 bis 10 ist die Freundin, die einen verrät, eine 14, der fremdgehende Partner eher eine 11. Ganz tief versteckt und ohne es zuzugeben taucht der Gedanke an Betrug, an Verrat in jeder Liebesbeziehung manchmal auf. Man rechnet einfach eher damit, als dass der beste Freund uns den Dolch in den Rücken stößt, obwohl es auch dafür genügend historische Beispiele gibt. Und in flagranti den Liebhaber zu erwischen ist nur hochdramatisch, wenn beides zusammenkommt (was vorkommt): Der Treuebruch einer bis anhin als Freundin bezeichneten Person. Umso schwerer wiegt der Verrat, wenn er von dem Menschen begangen wird, dem man allen Kummer – auch den mit der x-ten Liebe – hemmungslos schluchzend anvertrauen konnte. Dem Menschen, dem es als einzigem gelang, uns zu trösten und zum wieder Aufstehen anzuhalten.

Seiner Beichte des »amourösen Ausrutschers«, seinen Beteuerungen: »Nie mehr wieder«, seinen Schwüren: »Du bist die Liebe meines Lebens«, glaubt sie nur zu gerne. Dem/der besten Freund:in erzählt man Dinge, die man dem/der Partner:in nie anvertrauen würde – und dann plötzlich der Verrat. Doch einen »Ausrutscher« der Freundin zu verzeihen, die uns im Stich lässt, scheint ungleich schwerer. Weil die Romantik fehlt? Weil über das zuverlässig spielende Prickeln nichts »repariert« werden kann? Weil man gerade deshalb in der Tiefe des Vertrauens

»tödlich« verletzt wurde? Ganz selten gelingt es wohl, diese Freundschaft zu kitten, doch meist bleibt ein Rest von Vorbehalt, den man kaum überwinden kann.

*

Einen der anspruchsvollsten Momente erleben wir wohl, wenn uns ein/e Freund:in damit konfrontiert, dass sie oder er eine schwere Krankheit durchzustehen hat. Unweigerlich erinnert er/sie uns damit auch an die eigene Verletzlichkeit. Körperliche wie physische Unversehrtheit scheinen uns lange selbstverständlich, und die Bedrohung durch eine Freundin, einen Freund vor Augen geführt zu bekommen ist für viele auf Dauer nicht zu ertragen. Ist anfangs noch Betroffenheit das bestimmende Element, sich um die Freundin, den Freund zu kümmern, stellt sich rasch eine Melange aus eigenen Ängsten und Unbehagen ein, wie man mit der Situation umgehen soll. Feigheit mischt sich mit Scham, dem nicht gewachsen zu sein, es auch nicht wirklich zu wollen. Man verfängt sich in einem Kreislauf von ungüten Emotionen und wählt am Ende vor lauter turmhohen Schuldgefühlen den Ausweg, dem anderen aus dem Weg zu gehen. Um es auf den Punkt zu bringen: Ohne Klarheit und Offenheit, in der beide sagen, wie es um sie steht, welche Gefühle sie umtreiben, beide die Ängste beim Namen nennen, ihre Sorgen und ihren Kummer – warum ich, warum du nicht? – offen ansprechen, kann diese Beziehung nicht die Kraft entfalten, die im Grunde in ihr steckt. In diesem Moment zwingt uns der erkrankte Mensch, mit uns selbst absolut ehrlich zu sein, er fordert von uns den Blick in den Spiegel und den Mut, damit umzugehen, was uns von dort entgegenblickt; es ist der Moment der Wahrheit, dem sich niemand entziehen kann.

»Achtung, Türe schließt« | Es gibt Menschen, die steigen beim ersten Halt in deinen Bus, andere zögern und lassen dich vorbeifahren. Einige kommen für ein paar Stationen mit, manche verlassen den Bus so rasch wie möglich. Einzelne werden als Schwarzfahrer:innen erwischt; ein paar steigen aus und nach einer Weile wieder ein. Und ganz wenige begleiten dich bis zur Endstation.

Eine Krankheit, besonders eine lebensbedrohliche, zeigt die Kostbarkeit der verbleibenden Zeit und bringt Dinge zutage, die für die Betroffenen wirklich wesentlich sind. Auf einmal erhält die Dimension Zeit eine völlig andere Bedeutung, denn es ist nicht sicher, wie viel Zeit für die Freundschaft bleibt. Und was von nun an »Geben« und »Nehmen« bedeutet. Klar ist: Menschen, die so unmittelbar mit ihrer Endlichkeit konfrontiert werden, sind nicht mehr bereit, den Augenblick mit Geschwätz zu vergeuden. Sie zwingen die »Gesunden« zu wählen: das Hinschauen auf das, was wirklich ist, oder das Wegsehen und sich Ablenken von allem. Und das ist einer der größten Freundschaftsbeweise, denn indem kranke Menschen uns vor Augen führen, was ihre echten Bedürfnisse sind, fordern sie uns auf, unser eigenes Verständnis von Freundschaft zu überdenken und herauszufinden, welche Art der Beziehung wir mit ihnen führen wollen.

Einen Menschen als Freund:in durch eine schwere Krise zu begleiten und mitzuerleben, wie diese gemeistert werden kann, hat etwas zutiefst Beglückendes. Das bedeutet keineswegs, dass eine Krankheit geheilt wird oder dass man wieder »wie früher« wird, ganz im Gegenteil. Es heißt, dass man Zeug:in eines tiefgreifenden Prozesses wird: Zurückgeworfensein auf das, was einen als Person ausmacht, wenn Äußerlichkeiten nicht mehr zur Verfügung stehen, wenn Leistung keine Option mehr ist. Dies lässt Fähigkeiten ans Licht treten, die in der alles zudeckenden, fordernden Alltagshektik häufig untergehen: Zuhören können; wissen, was wirklich guttut; sich in das Gegenüber einfühlen können, und zwar in das, was sie/ihn wirklich beschäftigt, und nicht in das, was man erwartet oder selbst gern hätte.

Die Facetten von Freundschaft sind vielfältig und besitzen viele Zwischentöne, die für jede/n anders klingen. Hingegen stellt sich für alle die Frage: Erfülle ich das, bin ich das, was ich selber als gute Freundin bezeichne? Ganz besonders dann, wenn jemand uns Nahestehender genau das braucht: einen ihm verbundenen Menschen, eine/n Freund:in.

Peter Schelling,
Schauspieler

»Kampf der Winde, Südost gegen Südwest, ich mittendrin«

Der Name des Boots – Aiolos – stammte vom Vorbesitzer, und ein Boot tauft man nicht um, das bringt Unglück. Bruno hatte es vom Vater seiner Freundin übernommen, und allmählich reifte in ihm der Gedanke: Ich segle um die Welt. Er hat sich dann auch richtig verabschiedet und gesagt: Ich komme nicht mehr zurück. Mein Bruder hat sein geliebtes Kawasaki-Motorrad, eine 900er, auf der er sein halbes Leben verbracht hat, verschenkt und seinen Hund unserem Vater gegeben. Seine Papiere hatte er bei mir deponiert, auch alle amtlichen Dinge, und sich in der Schweiz abgemeldet. Die Beziehung mit seiner Freundin hatte er schon früher beendet. Einzig seinen Gleitfallschirm hat er mitgenommen, dafür hatte er Platz und offenbar auch Verwendung.

Irgendwann mit 16 hatten Bruno und Margot entschieden, wir werden nicht wie die anderen sein, keine Familie, keine Friede-, Freude-, Eierkuchen-Existenz, sondern wir fahren schnelle Motorräder, rauchen Haschisch und leben unkonventionell und gefährlich. Ihr Credo lautete: Arbeiten zum Leben, aber nicht leben, um zu arbeiten. Sie ist eine Weile nach ihrer Trennung mit einem jamaikanischen Boxer auf seine Heimatinsel gezogen, und er auf sein Schiff.

Die Reise startete er am 1. Juni 1992 in Italien in Chiavari. Ich habe ihn mit einem VW-Lastwagen dorthin gefahren, sein Boot hatten wir hintendrauf auf der Ladebrücke befestigt. Das Boot war nur 5 Meter 20 lang, stammte aus einer schottischen Werft und war seetauglich. Er hatte sich zusätzlich noch ein GPS zugelegt, das kostete damals noch um die 4000 Franken; eine Salzwasseraufbereitungsanlage hatte er auch dabei.

Chiavari war einer der nächstgelegenen Häfen, und die Gebühren waren tief. Bruno hatte 40 000 Franken gespart und behauptet: »Das genügt mir, und die anderen sparen bis 65, dann fahren sie los und haben eigentlich keine Zeit mehr.« Das war ein sehr bewusster Entschluss. Ich dachte, mit 40 000 kommt man auch nicht sehr weit, aber nach vier Jahren hatte er immer noch 35 000 übrig.

Überall, wo er angelegt hat, hat er gearbeitet, er war Schreiner und konnte bei Bootsbauern anheuern. Einmal hat er sogar ein Kinderkarussell in Marokko gebaut. Bruno hatte etwas sehr Gewinnendes; wenn er in einem Hafen einlief, kamen am ersten oder spätestens am zweiten Abend die Fischer und haben ihm von sich erzählt und Fische gebracht. Und am dritten Abend kamen mit Sicherheit die Mädchen ...

In Chiavari hat er alles eingeräumt, gepackt, wir haben zusammen gegessen, am anderen Morgen – es war der erwähnte 1. Juni 1992 – hat er gewunken und ist losgesegelt. Ich war nicht traurig, dass er auslief, ich fand das alles super, ich hatte lediglich versucht, ihn von einem größeren Schiff zu überzeugen, dass er noch zwei, drei Jahre sparen sollte und dann ein besseres Schiff kaufen könne. Doch Bruno war zufrieden, Aiolos sei voll tauglich, und das war das Boot ja auch, obwohl es winzig war.

Seine erste Route führte ihn durchs Mittelmeer.

Ausrüstung Segelyacht AIOLOS			
Gerät	Hersteller	Typ	Serien-Nr.
Hauptkompass	Silva	Universal	70 UN
Steuerkompass	Plastimo	Mini-contest	SNP 34
Peilkompass	Recta	DP 2	
Log	Logtron	2000	
Lot	Logtron	2000	
Windmesser	Skywatch	Hand	560090
Rundfunkempfänger	Siemens	RK 651	Code: 7012
Navigator	Magellan GPS	5000 NAV	1A 004614
Sextant	Freiberg	Baltic	801837
Signalpistole	Erma	SG 67E	
Schlauchboot	Metzeler	Aztek	
Aussenborder	Suzuki	DT 2	232271
Watermaker		Survivor 35	HPI 0832401

Bruno hat regelmäßig aus den Häfen angerufen, jeweils nur kurz, zwei, drei, höchstens vier Minuten, denn das kostete damals um die drei Franken pro Minute. Wir haben nicht oft voneinander gehört, denn SMS gab es ja noch nicht; er hat sich etwa alle drei Wochen gemeldet.

Von Chiavari segelte er nach Korsika, weil es nahe war und wir früher ein paarmal als Kinder und auch noch als Jugendliche mit meinem Vater dort waren. Mein Vater hat ihn dann dort sogar einmal auf seinem Schiff besucht. Das Logbuch zeigt seine Route: Chiavari, Levante, Porto de la Manera, alle Daten, alle Distanzen, die Segel, die Segelseemeilen, die Motorseemeilen, alles festgehalten.

Wenn er sich nicht gemeldet hat, dachte man, dem muss es sehr gut gehen. Gleichzeitig fand man, er könnte sich wirklich mal melden, denn wir vermuten ja nur, dass es ihm gutgeht, und wissen es nicht. Nach drei Wochen ohne Anruf kam schon der Gedanke auf, dir geht es super, aber wie wäre es, vielleicht zwischendurch mal an zu Hause zu denken? Meist kam dann der Anruf, und es ging so vier, fünf Jahre gut – er ist im Mittelmeer gekreuzt, war oft in Nordafrika, Spanien, den Balearen, Sizilien. Dann wurde er ein wenig mutiger und ist durch die Straße von Gibraltar die marokkanische Küste entlanggesegelt, hat dort scheinbar einen Wahnsinnssturm während drei Tagen mit einem gebrochenen Mast durchgestanden und hatte dennoch das Vertrauen, dieses Schiff schafft das. Man kann es verschließen wie ein Fass, und dann wird es halt wild, aber sinken wird es nicht.

In der Familie war ich so eine Art Bindeglied zwischen meinem Bruder und meinen Eltern; er wusste, ich mache das, auch für ihn, und ich habe es gern gemacht. Unsere Mutter hatte 1990 einen Hirnschlag erlitten und wurde sehr rasch pflegebedürftig. Bruno hat sie noch ein paarmal besucht, bevor er abgereist ist, aber er war nicht so der pflichtbewusste Sohn, meinen Vater hat er nur sehr selten besucht. Und angerufen hat er die beiden, soweit ich weiß, eigentlich nie. Wenn er sich schließlich meldete, lief das meistens so: Du, weißt du, wo ich jetzt bin? – Keine Ahnung. – Ich bin dort, oder ich bin da und da, es ist super, habe gute Leute kennengelernt usw. Bruno hatte immer schnell Kontakt, er war kein Einsiedler, sondern ein Teil der Gemeinschaft. Die Herzen sind ihm zugeflogen.

1995 segelte er auf die Kapverdischen Inseln, er arbeitete dort, es gefiel ihm ganz gut, doch eigentlich wartete er auf perfektes Wetter für die Überfahrt nach Brasilien. Meine Einwände wegen dem kleinen Schiff widerlegte er mit: Ich bin ja kein Zahnarzt, der in zwei Wochen wieder zurückmuss, ich habe Zeit und warte, bis alle Monsunwinde und Stürme vorbei sind. Er hat sicher drei Monate auf perfektes Wetter gewartet, und dann ist er los, allein über den Atlantik, und war drei Wochen später in Natal, im Nordosten von Brasilien, gut angekommen. Das war Ende 1995.

Bruno hat dann erfahren, dass es bei der Einfahrt vom Amazonas eine große Welle gibt, das Spektakel wollte er unbedingt sehen und ist den Amazonas hinaufgesegelt. Danach hat er rasch Kurs in die Karibik genommen, weil er seine ehemalige Freundin auf Jamaika besuchen wollte. Allerdings hat es ihm in der Karibik überhaupt nicht gefallen – zu viele Leute, zu viel Geld, zu viele Snobs. Er blieb eine Weile, musste seinen Pass verlängern lassen, und irgendwann bat er mich, ihm Seekarten vom Pazifik zu schicken. Ich habe sie besorgt, denn ich wusste wo, er hätte überall danach suchen müssen, Es war sicher auch eine Art von Kontakt halten und mich an seinem Abenteuer teilhaben lassen. Pazifik – damit war klar, er will rund um die Welt segeln. Und wahrscheinlich hat er auf dem Weg mit jeder Erfahrung und im Vertrauen auf sein Material die Ziele weiter gesteckt. Ich habe ihm dann die gewünschten Seekarten geschickt, zu jener Zeit hatten wir viel Kontakt, es war schön. Manchmal habe ich um mehr Regelmäßigkeit bei unseren Kontakten gebeten, weil wir nicht sicher waren, ob es ihm wirklich gut geht. Das alles geschah Ende 1995.

Im Pazifik ist er allerdings nie angekommen.

Beim letzten Telefonat hat er gesagt: »Ich bin jetzt unterwegs.« Von Higuerote, einer kleinen Stadt in Venezuela, ist er über Curaçao Richtung Panamakanal losgezogen. Das absolut Letzte, das ich erfahren habe, weil alle Papiere zu mir kamen, auch die Bankunterlagen, ist, dass er auf der Amro-Bank in Curaçao USD 250 abgehoben hat. Wenn keine Nachricht kam, konnte ich seinen Weg anhand der Bankbewegungen in etwa nachvollziehen.

Meine Mutter war aufgrund ihres Hirnschlags zu diesem Zeitpunkt schon so reduziert, dass sie sich nur noch knapp an ihren Mann erinnert hat und an mich sowie an ihre Schwester, aber der Rest ging in der Gnade des Vergessens unter. Sie war gut gelaunt, fröhlich und zufrieden, und wenn ich sie im Pflegeheim besucht habe, war sie einfach goldig.

Für unseren Vater war es zunächst normal, dass Bruno sich nicht meldete. Nach drei Wochen dachte ich, dir geht es sicher super, aber wir machen uns schon Sorgen. Nach vier Wochen denkt man, Scheiße, der meldet sich wirklich nicht, dem geht es wohl sehr gut, was schon sehr egoistisch ist. Nach sechs Wochen denkst du, Mensch, was ist bloß los, denn einen Anruf zu machen braucht nun wirklich nicht viel, und es hat doch die ganze Zeit geklappt. Nach diesen sechs Wochen hatte ich eine echte

Wut, du A., ich liefere alles, und du kannst nicht mal schnell anrufen. Nach sieben Wochen war ich sehr bedrückt, ich habe mich erst einmal beruhigt und dachte, er ist ja stets vorsichtig. Dann habe ich alle Wetterlagen geprüft und mich nach Stürmen erkundigt oder nach Hurrikans – nein, alles war sehr still, nichts dergleichen. Verdammt. Und dann auf einmal schießt dir durch den Kopf: Auf dem Weg von Curaçao zum Panamakanal fährst du durch ein Meer, das heißt passenderweise El Diablo. In Küstennähe von Kolumbien mit gefährlichen Piraten, die versenken jemanden einfach nur deshalb, weil sie es lustig finden, weil es Spaß macht. Vielleicht ist der Blödmann auch verhaftet worden, weil er gekifft hat. Allmählich machte ich mir richtige Sorgen – er nahm keine harten Drogen, aber ab und zu einen Joint, doch das reicht der Polizei in dieser Gegend. Vielleicht ist er in einem kolumbianischen Gefängnis gelandet.

Im Odeon in Zürich traf ich nach einer Vorstellung von »Mummenschanz« um drei Uhr morgens eine Frau aus Kolumbien und kam mit ihr ins Gespräch. Ich habe ihr die ganze Geschichte erzählt und gefragt, ob er womöglich in einem kolumbianischen Gefängnis sitze. Sie daraufhin: »Meine Kusine ist Polizeichefin von Bogota, die checkt das.« Zwei Wochen später rief sie mich an: »Dein Bruder ist in keinem bekannten kolumbianischen Gefängnis.«

Alles, was man ausschließen kann, ist eine Erleichterung. Allerdings kommt sofort die nächste Sorge, denn wenn er im Gefängnis wäre, würde er noch leben. Wenn er nicht im Ge-

> »MUMMENSCHANZ« ist eine 1972 gegründete Schweizer Theaterkompagnie, die mit ihren visuellen Maskenspielen und Stücken eine eigene Kunstform erfanden, weltweit für Furore sorgte und neue Standards setzte.

fängnis ist, dann ist es wahrscheinlich schlimmer. Dann habe ich die längste Zeit nochmals das Wetter gecheckt: keine Stürme, es war eine sehr ruhige Saison – in einem Sturm ist er folglich nicht umgekommen. Also Piraten. Daraufhin habe ich die Behörden angesprochen, um nach ihm zu suchen: Konsularischer Suchdienst, durch sie kann man auf zwei Radios einen Aufruf machen. Auch in zwei Yacht-Zeitschriften habe ich einen Aufruf gemacht und über die Schweizer Botschaft eine Vermisstenmeldung aufgegeben. Ich habe auf allen Ebenen angefangen zu suchen: Amt für Auswärtige Angelegenheiten, Sektion für konsularischen Schutz, EDA: Herr Maurer, Herr von Deschwanden, Frau Wulf; Bundesamt für Polizeiwesen: Frau Jorodi; Polizei Küsnacht und Kantonspolizei: Herr Gattiker; Kantonspolizei Zürich, Personenfahndung: Herr Schneider, Herr Nägeli und Chef Information. Dann hast du einen Freund, den Homajon, ein Pakistani, der Erfahrung mit verschwundenen Personen hat, aber auch nicht weiterweiß. Ich habe eine Belohnung ausgesetzt; ich war beim TCS, beim Crusing Club Schweiz, wo mir Frau Huber Tipps für das Inserieren gab; ich sprach auch mit dem »Crusing World Magazine« in New York, ich war bei »Schweizer Radio International« und natürlich auch bei der Swiss Telekom wegen der Seefunk Marine Operation. Bei Eurocard fragte ich nach, ob Bewegungen stattgefunden hätten, ob er inzwischen neue Abhebungen vorgenommen habe. Auf Empfehlung des Chefredaktors des »World Crusing Magazine« sollte ich auch noch alle Hafenmeister anfragen, ob er irgendwo ein- oder ausgecheckt hat.

Die letzten Gebühren hat er in Venezuela bezahlt, die Abhebung beträgt CHF 372, das war viel für ihn. Das heißt, er hatte etwas Größeres vor, wahrscheinlich hatte er die Gebühren für den Panamakanal und für viele weitere Ausgaben dabei.

> Vermissten-Anzeige
>
> Bruno Schelling ist seit dem 1. Juni 1992 mit seinem 5.20 m kleinen Segelschiff 'Aiolos' auf dem Meer unterwegs.
> Seine Route ging von Italien aus durchs Mittelmeer auf die Kanarischen Inseln, weiter über die Kapverden und den Atlantik nach Brasilien. Hier folgte er der Ostküste hinauf bis in die Karibik. Von St. Vincent aus segelte er nach Venezuela, wo er am 27. März 96 auf der Botschaft in Caracas einen Passverlust anmeldete, worauf ihm am 1.April 96 in Caracas ein neuer Pass Nr: 8 856 834 gültig bis 2001 ausgestellt wurde.
> Dannach hob er am 12. und 18. April in Higuerote Venezuela je einen kleinen Geldbetrag ab und hinterliess im selben Zeitraum noch eine Nachricht auf meinem Telefonbeantworter, dass er immer noch in Higuerote sei. Seither habe ich nichtsmehr von ihm gehört.
> Am 3. Mai hob er laut Eurocard-Abrechnung auf der ABN Amro Bank in Curacao 200 US Dollar ab.
> Mitte September dann kam um 2 Uhr morgens der Anruf einer Frau, die in sehr schlechtem Englisch sagte: Bruno ill prison. Sie sagte weder wer sie sei noch woher sie anrufe. Die Frau spricht wahrscheinlich normalerweise Spanisch. Könnte aber auch als 'hispanic' Angestellte in einem Englisch sprechenden Land wohnen.
> Seither fehlt von Bruno Schelling jede Nachricht oder Hinweis über seinen Verbleib.
> Im Normalfall hat ersich doch mindestens alle zwei bis drei Monate gemeldet....weswegen ich mir mittlerweile ernsthafte Sorgen mache.

Der letzte Hinweis stammt vom 3. Mai 1996 von der Bank, die letzte Aktivität von ihm war die Abhebung von USD 250. Frau Bucheli vom konsularischen Suchdienst hat schon nach drei Wochen angerufen und gesagt: »Wir haben keine Nachricht von Ihrem Bruder, das tut mir sehr leid.«

Ich habe niemanden gefunden, der ihn nach Mai 1996 gesehen hat oder ihm begegnet ist.

Ich habe noch eine Belohnung von 10 000 Dollar ausgesetzt, und daraufhin kamen ein paar wirre Anrufe auf Spanisch, die jedoch nur auf die Belohnung scharf waren. Man hat keinen einzigen Gegenstand, gar nichts von seinem Boot gefunden. Niemand hat ihn gesehen, er ist einfach von der Wasseroberfläche verschwunden.

Anfang Mai 1996 habe ich das letzte Mal etwas gehört, Ende Juli angefangen zu suchen, im November haben alle Stellen, bei denen ich anklopfte, abgewunken, und so um Weihnachten herum habe ich aufgehört zu suchen. Natürlich hatte ich überlegt, nach Kolumbien zu fliegen, doch wo sollte ich überhaupt suchen. Wenn jemand von der Wasseroberfläche verschwindet, kannst du nicht suchen. Man trifft keinen, den man fragen könnte. Man hätte Hunderte von Orten an der Küste von Kolumbien bis nach Belize abfahren müssen, das konnte ich nicht, und deshalb habe ich die Suche eingestellt.

Man denkt immer noch, vielleicht ist eine besondere Situation aufgetreten, der hat eine einheimische Fischerin getroffen und lebt mit ihr auf einer einsamen Insel. Doch nachdem ich alles abgesucht habe, ist das wahrscheinlichste Szenario, dass er von einem Tanker überfahren worden ist, der ihn nicht gesehen hat. Der Tankerverkehr wird ja in der Enge des Panamakanals immer dichter. In seinem Logbuch gibt es auch einen Eintrag, in dem er schildert, wie er einmal mitten in der Nacht aufgewacht ist und eine schwarze Wand zwei Minuten an ihm vorbeifährt. Hätte er das nicht so beschrieben, wäre ich sicher nicht darauf gekommen. Weil das schon mal fast passiert ist, ist das nicht unwahrscheinlich.

Ich denke, der tiefere Grund für seine Reise war die gescheiterte Ehe unserer Eltern. Er war 13, ich 15, und er hat so getan, als hätte es das gar nicht gegeben. Das war der Moment, in dem er sich gesagt hat: Ich will von niemandem abhängig sein, niemandem je danken müssen oder sonstige Verpflichtungen haben. Mit 14 verließ er die Schule, begann eine Schreinerlehre im Engadin und ist kaum mehr nach Hause gekommen. Wenn er mal den Vater besuchte, dann wahrscheinlich, weil es ihm gerade gelegen kam. Wir hatten zwar inhaltlich nicht viel gemeinsam – er war Rock'n'Roll und schnelle Motorräder, Tattoos und Haschisch. Ich Vespa, Schauspielschule, Zeichnen, Malen und Theater. Trotzdem haben wir uns sehr gut verstanden.

Mich hat die Scheidung der Eltern sehr beschäftigt, ich habe sehr darunter gelitten, und er hat einfach so getan, als würde ihm das am Arsch vorbeigehen. Die Scheidung hat ihn jedoch auf eine Art erschüttert, dass er kein Vertrauen hatte, dass irgendetwas halten könnte. Am Schluss hat er die Lebensform gewählt, die beinhaltet, dass man ständig weggeht und nicht begründen muss, warum. Man geht an Bord, setzt die Segel und ist weg. Und alle verstehen das.

Er hat sein Ding durchgezogen, er hat das mit mir geteilt, wie ich meine Sachen mit ihm. Jeder hat sich für den anderen gefreut, wollte, dass es ihm gutgeht und er das machen kann, was er will. Denn: Ich habe auch gemacht, was ich wollte. Ich habe Theater gemacht, und das war auch nicht naheliegend. Eine freie Tanzgruppe zu gründen lag nicht auf der Hand.

Bruno hat das Bürgerliche komplett verlassen, er hat das auch nie richtig verstanden. Im Theater hat er mich ab und zu besucht, wir hatten damals vier Stücke entwickelt, und er fragte fassungslos – wie, du machst jetzt noch eins? Warum machst du dir so viel Arbeit, geht es nicht auch etwas einfacher? Mach doch einfach ein Best-of-Programm.

Sein Ehrgeiz bestand darin, einhändig in einem 5-Meter-Schiff den Atlantik zu überqueren. Er war zudem einer der ersten Bungee-Jumper und einer der ersten Gleitschirmflieger in unserer Region.

Es war ein ganz langsames Verlassen, schon fast ein Verblassen. Und vor allem kann man es erst im Nachhinein einordnen. Er hat ja auch gesagt: Ich komme nicht mehr zurück. Mit den Werten und der Wertschöpfung, wie sie in der Schweiz betrieben wird, hatte er nichts am Hut. Er war kein Teil davon, er hatte drei Jahre gearbeitet, um genügend Geld zu verdienen. Hatte er eine Vorahnung? Ich denke nicht. Er musste sich ja auch selbst ermutigen, diese Reise in dieser Form so zu unternehmen.

Mein Vater verfolgte lange die Idee, dass mein Bruder doch noch seine erfolgreiche Schreinerei übernehmen würde. Von dieser Erwartung wollte Bruno ebenfalls weg. Unser Vater hat nur gearbeitet, er hat das gerne gemacht, aber er hat nur gearbeitet. Für ihn war klar, dass Bruno verschwunden ist, dass er wahrscheinlich verschwunden bleibt, und ab 1997 haben wir nicht mehr darüber gesprochen. Er konnte sich nicht aktiv in die Suche einbringen, er sprach weder Englisch noch Französisch. Mein Vater und ich, das ist eine lebenslange, schwierige Geschichte. Ich habe mich sehr und immer um ihn bemüht, um seine Liebe oder wenigstens seine Anerkennung – die habe ich nicht bekommen.

Das Tollste fand er, als ich neben meiner Tanzkompanie eine Anstellung als Werklehrer angenommen habe. Das fand er super. 37 Jahre schöne Erfolge auf der Bühne – das hat ihn nicht beeindruckt. Er hat es auch formuliert: »Ich verstehe dich nicht.« Mein Bruder hatte für ihn die einfacheren Träume – viel Vergnügen, wenig arbeiten. Er war zwar nicht einverstanden, konnte es aber nachvollziehen, in seinen Augen lebte Bruno als Vagabund. Theater war für ihn schlicht unverständlich.

Das Verrückte ist, wenn dich jemand verlässt, geht er und ist dann weg. Wenn jemand verschwindet, dann verlässt er zwar deine Welt, aber er bleibt immer da. Und du kannst dir seinen Tod noch so plausibel vorstellen, bevor du nicht seine Leiche siehst, bleibt eine Form von Hoffnung. Von daher fühle ich mich nicht total verlassen. Gleichzeitig denke ich, es wäre schön, wenn wir jetzt diese Zigarette zusammen rauchen könnten.

Was hast du eigentlich mit deiner Angst,
deiner Sorge um ihn in all den Jahren gemacht?
Ich habe mich eigentlich stets mit dem Gedanken trösten können, dass hier jemand genau das gemacht hat, was er sich wünschte. Dieses Leben war zwar nicht so lang, aber lang ist ein Menschenleben eh nicht. Dafür gibt es manche lauwarm gelebte.

Ein kleiner Teil von dir glaubt,
dass er doch noch irgendwo lebt?
Ein sehr irrationaler Teil, ja. Ich träume auch regelmäßig davon, dass es läutet und so ein verwitterter Seemann vor der Tür steht.

Was tust du dann?
Ich habe ihm schon eine geknallt, und wir sind schon zusammen in einem Flugzeug geflogen und dann mit einem Fallschirm abgesprungen.

Träumst du oft von ihm?
Immer weniger, aber Träume bringen Dinge hoch, die man schon lange vergessen hat. Ich träume immer mal wieder von ihm. Und: Die Wut ist weg.

Hast du dir in den Träumen ausgemalt,
was alles passiert sein könnte?
Ja, klar. Was die Hoffnung auf seine Rückkehr dämmt, ist das gute Einvernehmen, das wir hatten. Würde er mit Familie

und zehn Kindern auf einer Insel leben, würde er mich daran teilhaben lassen, und ich wäre der Patenonkel aller seiner Kinder.

Meine Mutter hatte ihn vergessen und ist drei Jahre nach seinem Verschwinden gestorben. Mein Vater und ich haben nicht mehr darüber gesprochen. Sie hat er wirklich im Wortsinn verlassen, hat ihr Gedächtnis verlassen. Mich hat er zurückgelassen, und ich denke nicht jeden Tag, aber alle 14 Tage – es wäre schon toll, wenn wir ein Bierchen zusammen trinken könnten.

Aufgezeichnet nach einem Gespräch mit Peter Schelling im Mai 2021

Biografie | **Peter Schelling, geboren 1956, ist Schauspieler und Tänzer. 1987 gründete er die Compagnie Drift und erarbeitete für sie 37 eigene Stücke, die er weltweit in 35 Ländern etwa 1000-mal aufgeführt hat. Seit 2015 ist er im Nebenberuf Werklehrer und Begabtenförderer und macht auch weiterhin neue Performances. Peter Schelling lebt mit seiner Tanzpartnerin in Küsnacht und fährt, wenn er Zeit hat, mit seinem Schiffchen auf dem See. Gerne hätte er hin und wieder seinen Bruder dabei.**

Marmorera

Der historische Ort Marmorera im Schweizer Kanton Graubünden profitierte nach 1838, nach dem Ausbau der Straße über den Julierpass, vom zunehmenden Postautoverkehr und dem aufkommenden Tourismus. Nach der Eröffnung der Gotthard- und Albulabahn brach der Postkutschenverkehr zusammen, und die Gemeinde verarmte.

Nach dem Zweiten Weltkrieg bot Marmorera der Stadt Zürich zu günstigen Bedingungen eine Konzession für einen Stausee an. Der Unterhändler handelte mit den einzelnen Haus- und Landbesitzern individuelle Verträge aus und verpflichtete sie zu Stillschweigen. Dabei nutzte er aus, dass viele Einwohner nur Italienisch oder Rätoromanisch sprachen und unterschrieben, ohne ein Wort Deutsch zu verstehen.

1954 begann die Überflutung. Vorher wurden sämtliche Gebäude des alten Dorfes zerstört. Der Friedhof sollte zubetoniert werden, aber die Bewohner:innen erreichten, dass die Toten exhumiert wurden und in einem neuen Friedhof oberhalb des alten Dorfes bei den alten Grabkreuzen ein zweites Mal beerdigt wurden. Kirche und Schulhaus, 29 Wohnhäuser und 52 Ställe fielen dem Bau des Marmorera-Stausees zum Opfer.[4]

Dieses Ereignis bot Stoff für einen gleichnamigen Psychothriller (2006), in dem der Autor Dominik Bernet die Leser:innen mit der Frage packt: Wer ist die rätselhafte junge Frau, die im Marmorera-Stausee in den Bündner Bergen bewusstlos aufgefunden wird? Schon bald sieht ihr Psychiater, der junge Simon Cavegn aus Zürich, Zusammenhänge zwischen seiner Patientin und dem 1954 gefluteten Bergdorf am Grund des Stausees. Und dann häufen sich in der Gegend von Marmorera auch noch merkwürdige Todesfälle ... Trägt die junge Frau einen Fluch aus einer vergangenen Zeit, den die Bewohner:innen von Marmorera am liebsten verbergen wollen?

2007 fand der versunkene Ort als Kinofilm »Marmorera« den Weg auf die große Leinwand.[5]

Sima Samar,
Ärztin und
Menschenrechts-
aktivistin

»Sobald es die Situation erlaubt, kehre ich zurück«

Was bedeutet der Begriff »Verlassenheit« für dich?
Verlassen bedeutet für mich, dass man deine Existenz und deine Fähigkeiten leugnet und versucht, dir deine Kraft zu nehmen. Wenn man eine Machtposition innehat, versucht man, dich zu entfernen oder deinen Einfluss zu verringern. Sie setzen einen herab und in eine minderwertige Position, um der Opposition keine Hindernisse oder Probleme zu bereiten. Für mich ist diese Art von Verhalten unfair und untergräbt die Fähigkeiten der betreffenden Person.

Du hast dich schon früh entschieden, ein unabhängiges Leben zu führen und eine gute Ausbildung zu machen – du wolltest Ärztin werden. Wie haben deine Familie und die Gesellschaft darauf reagiert?
Ich beschloss, Ärztin zu werden und unabhängig zu sein. Mein Mann versprach mir, dass er mich unterstützen und mir helfen würde, mein Ziel zu erreichen. Die afghanische Gesellschaft war nicht gegen die Ausbildung von Mädchen, und auch für meine Familie war es in Ordnung, solange die Verantwortung für meine Sicherheit bei einer anderen Person – in meinem

Fall bei meinem Mann – lag und nicht bei meinem Vater. Aber mein Vater war besorgt, dass ich allein in eine andere Stadt gehen könnte.

Wie war es dir möglich, diesen Traum zu verwirklichen?
Ich habe mich engagiert und daran geglaubt, dass Bildung ein Weg ist, um eine eigenständige Persönlichkeit zu werden. Und um als Mädchen zu zeigen, dass ich das kann und die Fähigkeit habe, meinen Traum zu verwirklichen.

Du hattest 1982 dein Studium beendet, als dein Mann entführt wurde und nicht mehr zurückkam. Was geschah damals?
Mein Mann, er war Dozent an der Universität Kabul, und drei seiner Brüder wurden 1979 willkürlich von der Regierung verhaftet, und ich habe bis heute nie wieder etwas von ihnen gesehen oder gehört. Ich weiß nicht, wann, wo und wie sie getötet wurden.

Ich habe viel Zeit damit verbracht, in verschiedenen Regierungsbüros und offiziellen Gefängnissen nach ihm zu suchen, aber ich habe nie irgendein offizielles Zeichen gefunden, kein einziges Dokument war in der Regierungsverwaltung aufbewahrt worden, aus dem ersichtlich war, wo er gefangen gehalten wurde und was wirklich mit ihm geschehen ist.

Wie hast du die Tatsache verkraftet, dass dein Mann nicht mehr zurückkam? Kann man so etwas überhaupt je verkraften?
Es war keine einfache Situation, denn ich hatte einen Sohn, dem ich erzählen musste, was mit seinem Vater geschehen war, und ich habe mich bemüht, ihm nicht zu viel von meinen Sorgen und meinem Kummer zu zeigen, sodass er die Abwesenheit seines Vaters nicht zu sehr spürt. Aber die Wahrheit war, dass uns beiden ein wesentlicher Mensch unseres Lebens fehlte. Meine Familie, vor allem mein Vater, war der Meinung, dass ich zurück in sein Haus ziehen sollte, was ich jedoch ablehnte. Doch als ich 1982 mein Studium beendet hatte und in der Lage war,

mein eigenes Geld zu verdienen und ein unabhängiges Leben zu führen, habe ich gehandelt und bereits für mich selbst entschieden.

Was die Frage nach dem Verkraften von so etwas betrifft: Ich muss die Wahrheit akzeptieren, dass mein Mann verschwunden ist, aber mein Leben wird weitergehen; ich muss stark sein und auf meinen eigenen Füßen stehen.

> »Seit die Taliban das Land übernommen haben, haben sie kein Programm für die Regierungsführung, außer dass sie die Ämter unter sich aufteilen. Was sie können, ist, Befehle zur Kontrolle der Menschenrechte und der Freiheit der Frauen zu erteilen. Es gibt offenbar kein anderes Problem, das 35 Millionen Menschen in diesem Land haben, als die Kleidung der Frauen. Das Gesicht der Frauen, die Bildung der Frauen, die Arbeit der Frauen, das Gehen und Sprechen der Frauen ist der Hauptfeind dieser Gruppe.« - *Sima Samar*

> »Ich glaube, die Frauen sind einer der Hauptgründe für den Fortbestand der Menschheit. Sie spielen immer eine sehr konstruktive, gewaltfreie Rolle in der Familie und in der Gesellschaft, wenn man ihnen die Möglichkeit dazu gibt. In allen Gesellschaften sind es immer noch die Frauen, die versuchen, die Familie zusammenzuhalten.« - *Sima Samar*

Was hast du deinem Sohn, der noch sehr jung war, erzählt?
Ich habe versucht, ihm zu verheimlichen, dass sein Vater von der Regierung verhaftet oder getötet wurde, aber eines Tages sagte er mir: »Ich weiß, was mit meinem Vater geschehen ist, dass er von der Regierung verhaftet wurde und dass ich, wenn ich älter werde, ein Mudschahid werde und mich an den Khalqies (die politische Partei, die damals an der Macht war, genannt Khalaq) rächen werde.«

Als er älter wurde, habe ich ihm erzählt, wie sein Vater verhaftet wurde und was ich getan habe. Er hat keine Fragen gestellt, ich glaube, er wollte mich nicht an seinen Vater erinnern. Er sagt immer, dass er nicht weiß, was ein Vater ist, aber er liebt seine eigene Tochter sehr.

Als alleinstehende Frau mit einem kleinen Kind in der afghanischen Gesellschaft, dazu noch Ärztin, gebildet, weltgewandt – wie kamst du damit zurecht? Was hat deine Familie gesagt?

Ich habe versucht, sehr vorsichtig zu sein, denn es ist sehr leicht, einer jungen Frau in einer konservativen Gesellschaft wie Afghanistan Unmoral vorzuwerfen. Aber ich bin eine selbstbewusste Person, bei der die Männer nicht das Gefühl hatten, sich auf billige Weise verhalten zu können; ich hatte so viel Selbstvertrauen, dass ich ihnen nie eine Chance dazu bot. Eine Sache bedauere ich jedoch: dass ich so sehr damit beschäftigt war, anderen zu helfen, dass ich nicht genug Zeit für meinen Sohn hatte. Aber ich bin so dankbar, dass er meine Arbeit sehr gut und unterstützend findet; er hat sich nie beklagt.

Das Thema »Verlassen« holte dich bald wieder ein – 1984 hast du dein Heimatland verlassen und bist nach Pakistan gegangen.

Ich verließ Kabul 1982, nachdem ich nur vier Monate in einem Krankenhaus in Kabul gearbeitet hatte, und ging in ein Gebiet, in dem ich geboren wurde und das nicht unter der Kontrolle des Pro-UdSSR-Regimes stand. Ich half den Menschen dort und insbesondere den Frauen in diesem armen Bezirk.

Was konntest du in Pakistan erreichen?

Vor allem den Menschen, die eine Ärztin brauchten, konnte ich helfen, und das waren in erster Linie Flüchtlingsfrauen. Zudem gelang es, ein Krankenhaus für Frauen und Kinder in Quetta einzurichten, das ist stets eine vergessene Bevölkerungsgruppe von Flüchtlingen, die die Mehrheit bildeten, und ich konnte auch Schulen für afghanische Flüchtlinge vor Ort in Pakistan und später dann in Afghanistan selbst eröffnen.

Der Schlüssel zu meinen Fähigkeiten liegt in meiner Ausbildung und in meinem Beruf, daran glaube ich fest. Dadurch wurde es mir möglich, eine Klinik zu gründen, Schulungen für Frauen und Kinder durchzuführen und Krankenhäuser und Kliniken in Afghanistan aufzubauen. Und noch wichtiger ist, dass ich beweisen konnte, dass ich als Frau in der Lage bin, all diese Arbeiten zu erledigen und neben meinem eigenen Leben auch das Leben anderer positiv zu verändern.

Als die Taliban an die Macht kamen –
wie hat das dein Leben beeinflusst oder gar verändert?
1992 brach die Regierung der Mudschaheddin zusammen. Für mich bedeutete es mehr Arbeit, die Menschen zu erreichen, die nach Pakistan oder innerhalb Afghanistans vertrieben worden waren.

Die Taliban übernahmen 1994 in Kandahar und 1996 in Kabul die Macht. Wieder mehr Arbeit und Einschränkung der Bewegungsfreiheit in Afghanistan, mehr Menschenrechtsverletzungen durch diese Gruppe. Ich reiste außerhalb Afghanistans, um Geld für die kleinen Projekte zu sammeln, die ich leitete, insbesondere für Bildung und Gesundheit. Das war die Zeit, in der die Länder, die sich in Afghanistan engagierten, wegen des Zusammenbruchs der UDSSR kein Interesse mehr an Afghanistan hatten.

MEINE MISSION
»Meine Stärke, mein Engagement und meinen Glauben an Gleichheit einzusetzen für Menschenrechte für alle und Menschenwürde, unabhängig von Hautfarbe, Geschlecht, Glauben und der politischen Situation in einem Land. Ich habe beschlossen, dass ich beweisen muss, dass auch Frauen positive Arbeit leisten können, um die Mentalität der Menschen zu verändern.« – *Sima Samar*

»Ich wünsche mir Bildung für alle Afghanen. Ich wünsche mir, dass unsere Mädchen und Jungen verantwortungsvolle Weltbürger werden. Das ist mein Traum. Und ich wünsche mir Gleichheit. Wir kommen aus unterschiedlichen Provinzen, wir gehören zu verschiedenen Volksgruppen, aber wir sind alle Afghanen.« – *Sima Samar*

Konntest du deine Arbeit als Ärztin und als Menschenrechtsaktivistin trotzdem tun?
Ich habe meine Arbeit fortgesetzt, und die meisten der Taliban-Familien kamen auch in meine Klinik in Quetta, Pakistan, und auch in das Krankenhaus in Afghanistan. Aber sie waren gegen die Bildung von Mädchen; meine Kollegen und ich haben versucht, Wege zu finden, auch während der ersten Taliban-Regierung zu funktionieren. Es ist wirklich wichtig, die Unterstützung der Bevölkerung zu gewinnen, sie in alle Projekte mit einzubeziehen, und die Menschen haben die Bildung ihrer Töchter damals wirklich unterstützt.

Nach dem Sturz der Taliban im Jahr 2001 sah es für die Frauen eine Zeit lang gut aus, und du wurdest Frauenministerin in der Regierung von Hamid Karzai.
Als Afghanistan von der internationalen Gemeinschaft im Stich gelassen wurde, wurde das Land zu einem Übungsplatz für terroristische Gruppen, denn in dieser Zeit wurde Al-Qaida gegründet. Als 9/11 geschah, war zwar keiner der Terroristen Afghane, aber sie wurden in Afghanistan ausgebildet.

Die USA und die NATO führten eine Militärintervention in Afghanistan durch. Die Taliban wurden entmachtet, und es fand eine Konferenz unter der Leitung der UNO in Bonn statt. Dort wurde eine neue Regierung gebildet, und mein Name wurde als Frauenministerin vorgeschlagen. Ich war in Kanada, als die Bekanntgabe erfolgte. Ich habe die Stelle angenommen, weil ich mich, seit ich mich politisch engagiere, für die Einbeziehung von Frauen in die politischen Strukturen eingesetzt habe.

Und was konntest du erreichen?

Ich konnte das Ministerium von Grund auf aufbauen und die Frauen im Land sichtbar machen. Denn vorher gab es uns nicht, weil die Männer die Waffen zückten und kämpften. Frauen wurden auf der politischen, sozialen und wirtschaftlichen Agenda des Landes auf einmal wahrgenommen.

Warum hast du dein Amt nach nur 6 Monaten verlassen?

Ich habe Rechenschaft, Gleichberechtigung und Gerechtigkeit eingefordert, dies sind grundlegende Menschenrechte. Frauen werden in Afghanistan akzeptiert, wenn sie ruhig und gehorsam gegenüber den Männern im Büro, in der Gemeinde und in der Familie sind. Ich entsprach nicht ganz diesem Typ der gehorsamen Frau.

Was motiviert dich, was ist dein innerer Antrieb?

Meine Motivation ist die Anerkennung unserer Existenz und die Erkenntnis zu verbreiten, dass wir Frauen gleichwertige menschliche Wesen sind und die gleichen Rechte und die gleiche Würde haben wie Männer.

Das ist wirklich wichtig für uns: Anerkennung, Respekt, Einbeziehung und Unterstützung.

Was betrachtest du als deine besondere Aufgabe?

Meine Vision ist, dass die Frauen in Afghanistan ein Leben in Würde und Freiheit führen können. Als gleichberechtigte Partnerinnen der Männer, dass sie frei und furchtlos ihren Weg selbstbestimmt gehen können.

Woher nimmst du die Kraft, nicht aufzugeben, auch wenn du in Afghanistan oft bedroht wurdest und immer Leibwächter brauchtest?

Ich glaube, dass es nicht besonders schwierig ist, für sich selbst ein gutes Leben zu gestalten. Doch nach meiner Auffassung besteht der Sinn des Lebens darin, sich für die Gemeinschaft und für Menschen in Not einzusetzen. Und ich sehe das Ergebnis meiner Arbeit, das im Leben so vieler Menschen etwas bewirkt, ich freue mich über das, was ich alles ermöglichen konnte. Aber ich habe auch eine schwierige Zeit in meinem Leben gehabt, in der ich viel geweint habe.

Im August 2021 kamen die Taliban wieder an die Macht, nachdem die Amerikaner und ihre Verbündeten das Land verlassen hatten.

Die afghanische Regierung, das afghanische Volk, die internationale Gemeinschaft und die UNO sind gescheitert. Wieder einmal werden die Menschen einer terroristischen Gruppe überlassen.

Was bedeutet das für dich, die Menschen in Afghanistan und insbesondere für die Frauen?

Es bedeutet, dass die Machthaber zwar die Menschenrechte und Gleichberechtigung predigen, dass sie aber nicht daran glauben; dass sie zwar reden, aber nicht nach dem Prinzip der Menschenrechte handeln.

Du lebst zurzeit in den USA.
Glaubst du, dass du eines Tages zurückkehren kannst?

Ich lebe in den USA, weil man mich massiv gedrängt hat, mein Land zu verlassen. Ich habe versucht, mit der Realität zurechtzukommen, was nicht einfach war. Ich versuche, alles zu tun, was ich kann, um den Menschen in Afghanistan zu helfen, die in Not sind.

Kein Regime wird überleben, wenn es nicht die Unterstützung des Volkes hat, das ist meine feste Überzeugung. Die Legitimität des Regimes sollte vom Volk ausgehen. Sobald es die Situation erlaubt, kehre ich zurück.

Was ist in deinen Augen die besondere Stärke der afghanischen Frauen?
Ihre Fähigkeit, alle Schwierigkeiten zu meistern, weil sie es gewohnt sind, in sehr schwierigen Umständen zu leben.

Was ist deine Hoffnung für Afghanistan?
Ich glaube, dass nach jeder Nacht ein Tag kommt und nach jeder dunklen Zeit ein Licht. Meine Hoffnung sind generell die Menschen und vor allem die gebildeten Menschen in Afghanistan, die sich der Taliban-Mentalität widersetzen.

> **Biografie** | Dr. Sima Samar, 1957, ist Ärztin, Politikerin und Menschenrechtsaktivistin. Sie gehört der drittgrößten Ethnie des Landes, den persischsprachigen schiitischen Hazara an. Ihr Ehemann wurde 1979 während der Präsidentschaft von Nur Muhammad Taraki verhaftet, er blieb verschollen. Sie selbst floh nach Pakistan, wo sie in der Grenzstadt Quetta ein Frauen- und Kinderspital aufbaute. 1989 gründete sie die Organisation Shuhada, *www.shuhada.org.af,* die sich der nachhaltigen Entwicklung, den Frauen- und Menschenrechten sowie der Alphabetisierung von Frauen widmet. Dort arbeitete sie auch während der Herrschaft der Taliban für die medizinische Versorgung von Frauen und Kindern sowie die Einrichtung von Schulen in Pakistan und Afghanistan. 2001 wurde sie Frauenministerin der afghanischen Regierung und war eine der fünf Stellvertreter des Präsidenten Hamid Karzai; sie trat aber bereits 2002 zurück und baute die »Afghan Independent Human Rights Commission« auf. Für ihren Einsatz erhielt sie zahlreiche internationale Auszeichnungen, darunter 2012 den Alternativen Nobelpreis. Sie ist eine der prominentesten, vor allem aber wortgewaltigsten Frauen in der afghanischen Öffentlichkeit, wenn es um Menschenrechte und den Mut geht, dafür einzutreten.

Das Verlassen von Raum und Zeit: Bill Violas Sturzmotiv

Bettina Keller-Back

Das Verlassen hat, wie der vorliegende Band zeigt, zahllose Facetten. In dem folgenden Text zu dem amerikanischen Videokünstler Bill Viola kommt es als eine Art Niemandsland zum Tragen, als ein unbestimmter und gleichzeitig hoch aktiver Moment des Übergangs. Dieser Moment zeigt sich in dem wiederkehrenden Sturzmotiv des Künstlers, der Menschen im freien Fall zeigt, ohne festen Boden unter den Füßen und ohne eine Klarheit darüber, wo und ob sie ankommen werden. Mich interessiert dieses Niemandsland, wo die Grenzen noch nicht wieder festgesteckt und die Erwartungen noch nicht wieder gesetzt sind. Die Bruchstelle mit dem bisher Dagewesenen schafft die Möglichkeit eines immensen Freiraums, innerhalb dessen Erkenntnis außerhalb der Box stattfinden kann – im freien Fall.

Verlassen ist bei Viola eng verknüpft mit dem Aufbruch zu etwas Unbekanntem. Der Künstler selbst hat die Entscheidung zum Aufbruch und für das Verlassen in den ausgehenden 1980er-Jahren getroffen. Nach anfänglichen Arbeiten, welche die Möglichkeiten von Video als neues künstlerisches Medium in Echtzeit ausloteten, beschreibt er den Augenblick, in dem ihm klar wurde, dass er Video bisher so eingesetzt hatte, wie einen Computer, den man von außen bestaunt, aber bisher noch nicht eingeschaltet hat. Vom Moment seines »Einschaltens« an hat er Werke von einer eindringlichen rezeptiven Kraft geschaffen, indem er die Zeitstrukturen und die dadurch entstehenden Räume ganz bewusst neu gestaltet hat. Dies zeigt sich besonders deutlich am Beispiel seiner Videoarbeit »Déserts«, 1994.

Ein hell gekleideter, bärtiger weißer Mann, der mit dem Rücken zu den Betrachtenden an einem Tisch sitzt, an dem er zuvor in absoluter Zeitlupe Suppe gegessen und ein Glas Wasser zu Boden hat fallen lassen, steht unvermittelt auf, dreht sich frontal zu den Betrachtenden, breitet beide Arme aus und stürzt, in dieser unendlich langsamen Zeitlupe, ohne innezuhalten, kopfüber auf die Betrachtenden herab und aus dem bühnenartigen Raum hinaus. Er prallt jedoch nicht auf dem Boden auf, wie zuvor das in tausend Scherben zersprungene Wasserglas. Der Boden erweist sich mit einem Mal als spiegelglatte Wasseroberfläche, in die er eintaucht, um in den aufgewühlten Wassermassen zu verschwinden [vgl. Filmstills S. 86].

Diese Schlüsselszene kurz vor Ende der knapp halbstündigen Fernsehproduktion »Déserts« (1994) ist zugleich eine Schlüsselszene zum Verständnis einer zentralen künstlerischen Strategie des amerikanischen Videokünstlers Bill Viola: Er entfremdet Zeit und Raum in seinen Videoarbeiten aus der Sehnsucht heraus, gewohnte, in Zeit und Raum verankerte Bildordnungen zu verlassen. Stattdessen interessiert er sich für die Möglichkeit von neuen, instantanen Seherfahrungen, welche sich eröffnet, wenn diese beiden für unsere Wahrnehmung von bewegten Bildern zentralen Kategorien von Raum und Zeit nicht mehr mit unserem eigenen Raum-Zeit-Gefüge kompatibel sind.

Das Sturzmotiv bei »Déserts« verkörpert dabei auf der sichtbaren Bildoberfläche genau diesen Moment des Verlassens eines geordneten, begehbaren Interieurs, welcher in eine unbestimmte Unterwasserwelt kollabiert. Diese Unterwasserwelt wird nicht mehr als erfahrbarer und erinnerbarer Raum dargestellt, sondern vielmehr als eine Stimmung, eine bestimmte Qualität von Raum.

Viola selbst hat sich wiederholt dazu geäußert, dass er jeder seiner Arbeiten eine spezifische Zeitform zugrunde legt. Er hat dabei die beiden grundlegenden Zeitformen seiner Werke wie folgt beschrieben:

»In der Natur begegnen uns unendlich viele ›Zeitformen‹. Zwei der extremsten ›Zeitformen‹ sind die kaum merklichen, an Bewegungslosigkeit grenzenden minimalen Veränderungen oder die plötzliche Eruption. Die Art, wie ein steter Wassertropfen ein Loch in den Stein höhlt oder wie sich plötzlich, mit Urgewalt ein Vulkanausbruch, ein Wutanfall, ein Gedankenblitz, ein Orgasmus oder der Tod ereignen.«[6]

Die minimalen Veränderungen finden in seinem Werk Ausdruck durch die Verwendung absoluter, kinematografischer Zeitlupe, wie etwa bei dem sechs Jahre nach »Déserts« entstandenen Werk »Five Angels for the Millennium« (2000). Auf jedem der fünf überlebensgroßen Projektionen sehen die Betrachtenden in atemberaubender Zeitlupe einen Mann unter Wasser stürzen. Bis auf einen Engel ist die Position der Rezipienten dabei unter Wasser. Die Stürze der Engel verwandeln den Installationsraum in einen unbestimmten Unterwasserraum. Die absolute Zeitlupe Violas zerdehnt dabei die in ihr stattfindende memorier- und erzählbare Handlung in unzähligen, gleichzeitig stattfindenden Details. Bei normaler Geschwindigkeit wären diese für das menschliche Auge nicht differenziert wahrnehmbar. So wird die simple

Handlung der Engel: ein Mann stürzt unter Wasser, von minutenlangen Sinneseindrücken überlagert, wie etwa das glitzernde Perlen der aufsteigenden Wasserbläschen oder die wunderschönen Bewegungen der nassen Gewandfalten am Körper des Protagonisten. Die überbordende Fülle kleinster, an sich keine Handlung tragender Detailbeobachtungen, welche durch die Zerdehnung der Zeit ermöglicht wird, verunmöglicht letztlich eine Erzählung und damit eine lineare Einordnung des Gesehenen.

Die zweite wiederkehrende, jedoch von Bill Viola seltener verwendete Zeitstruktur der plötzlichen Eruption zeigt sich in staccatoartig, schnell getakteten Schnittfolgen, mit meist wackeliger, handgehaltener Kameraführung. Wie etwa in dem überlebensgroßen Projektionsgeviert der Videoinstallation »The Stopping Mind« (1991). Hier zerstückeln die aufblitzenden Splitter unterschiedlichster Landschaften eine mit Felsen übersäte Bergwiese, ebenso wie ein üppig blühendes Mohnfeld oder eine verlassene Vorstadt. Diese Splitter widerspiegeln zusammen eine eindringliche Qualität des porträtierten Raums, ohne ihn jedoch als einen Raum zu eröffnen, innerhalb dessen eine lineare, logisch nachvollziehbare Handlung stattfinden könnte. Bewegte sich in der Bergwiese beispielsweise eine Protagonistin auf die andere zu, würde sich der Boden noch im Gehen unter ihren Füßen auflösen. Gezeigt wird vielmehr eine eindringliche, weil die Betrachtenden nahezu überflutende, auf sie hereinstürzende emotionale Qualität des Raums, der sich einer Kartografierung durch unser Vorstellungsvermögen bzw. unser Gedächtnis konsequent entzieht.

Die Zerdehnung der Zeit überlagert die in ihr stattfindende lineare Handlung mit unzähligen sinnlichen Details, während die Zerstückelung des Raums diesen Raum von den Betrachtenden loslöst, die sich nicht mehr zu ihm in Bezug setzen können, den Raum nicht mehr als begehbar erleben können, ihn jedoch intensiv in seiner Qualität erfahren.

Das eingangs erwähnte Werk »Déserts« ist für unseren Zusammenhang deshalb besonders interessant, weil es eines der seltenen Werke Bill Violas ist, bei denen beide Zeitstrukturen, die Handlung zerdehnende Zeitlupe und den Raum zerstückelnde Beschleunigung, gemeinsam zum Einsatz kommen. Dies ist hier dem Umstand zu verdanken, dass Viola von ZDF und Arte beauftragt wurde, die Bildwelt für die Komposition »Déserts« (1949–54) von Edgard Varèse zu schaffen. Der Komponist und Vater der elektronischen Musik hatte die durchgehende, orchestrale Aufführung seines Stückes mittels drei seiner elektronisch aufgenommenen Klangcollagen, von ihm so genannte »interpolations«, unterbrochen.

Viola begegnet dieser Zweitaktigkeit des Klangs mit einer Zweitaktigkeit seiner Bildwelten. Der konzertanten Aufführung stellt er sich beschleunigende, die dargestellten Wüstenlandschaften zerstückelnde Schnittfolgen aus Archivmaterial zur Seite. Auf die drei Interpolationen antwortet er mit speziell für »Déserts« in absoluter Zeitlupe aufgenommenen Sequenzen eines bühnenartigen Innenraums.

Die Unterwasserwelt und der eingangs beschriebene Sturz des Protagonisten werden gleich zu Beginn von »Déserts« eingeführt. In der allerersten Einstellung befinden wir uns inmitten einer dunklen, unbestimmten Unterwasserwüste. Hell aufsteigende Luftbläschen lassen einen vorangegangenen Sturz eines Menschen unter Wasser erahnen, bis dieser dann mit einem Glockenschlag, in Echtzeit und aus einiger Entfernung tatsächlich stattfindet: Ein hell gekleideter Mann stürzt blitzschnell zu uns herab unter zahllos aufperlenden Wasserbläschen. Diese Schlüsselszene zu Beginn verknüpft den Anfang mit dem Ende des Werks durch das Sturzmotiv, dem wir erneut in Zeitlupe und aus der Perspektive des Innenraums heraus beiwohnen werden. Dieser vermeintlich erste Sturz, es ist ihm immer bereits ein weiterer vorweggegangen, dazu jedoch später, wird gefolgt von fahrig abgehackten Kamerafahrten über einen felsigen Unterwassergrund, bis die Kamera schließlich aus dem Wasser auftaucht. Die Schnitte der Unterwasseraufnahmen sind so schnell und unzusammenhängend, dass daraus im Gedächtnis der Betrachtenden kein begehbarer Raum zusammengesetzt werden kann. Durch die erratischen Schnittfolgen wird quasi ein in oben, unten, vorne und hinten strukturierbarer Raum, der als möglicher Handlungsraum des Protagonisten dienen könnte, zerstückelt. Er zeigt sich vielmehr eindrücklich in seiner Qualität als karger, geheimnisvoller, unbestimmt dunkler Unterwasserraum.

Kurz nach dem Auftauchen der wackeligen Kamera über Wasser folgt der erste von drei Einschüben in absoluter Zeitlupe, zeitgleich zu Varèses »interpolations«. Nicht nur die Zeitstruktur ist antipodisch aufgebaut, Zeitlupe versus Beschleunigung, auch der Raum des Zeitlupengeschehens erweist sich als bestimmter, begehbarer Innenraum, im Gegensatz zu den unbestimmten, nicht kartografierbaren Einöden der vielfältig gebrochenen Außenwelt.

Der dunkle Innenraum wird durch vier Lichtquellen als begeh- und erzählbar markiert. Ein starker Lichteinfall durch die Tür auf der linken Seite, durch die der Protagonist den Raum betritt, fällt bis an die gegenüberliegende Wand und durchquert dabei die ganze Breite des Raums. Eine weitere Tür an der Rückwand lässt unter ihrem Spalt einen Lichtschimmer in den Raum dringen und verortet damit die Rückseite des Raums, welche der Protagonist noch einmal betont, indem er die Wandlampe neben dieser Tür im Vorbeigehen einschaltet. Er umrundet daraufhin den in der Mitte des Raumes stehenden Tisch, lässt sich daran mit dem Rücken zum Betrachter nieder, stellt die dampfende Suppenschüssel ab, die er in der Hand gehalten hatte, und zündet schließlich die auf dem Tisch stehende Lampe als vierte Lichtquelle an. Viola verwendet mit dieser vierfachen Lichtregie große Sorgfalt darauf, uns einen begehbaren und erinnerbaren, intakten Raum zu zeigen. Dadurch wird die Auflösung dieses Raums durch das Sturzmotiv später umso dramatischer wahrgenommen. Die sich in diesem scheinbar intakten Innenraum abspielende Handlung wird derart über drei Minuten zerdehnt, dass unzählige, nebensächliche Details in den Vordergrund der

Wahrnehmung treten und die lineare Erzählung überlagern, bis sie schließlich nicht mehr erzählt, sondern eben nur noch wahrgenommen werden kann. Sie entzieht sich in der überbordenden Detailfülle einer narrativen Logik. Die Betrachtenden können sich im aufsteigenden Dampf der Suppenschale ebenso verlieren wie in den Bewegungen der Gewandfalten der lockeren Kleidung oder dem Abrollen der Füße auf dem Boden. Die brodelnden, rauschenden, wogenden Klänge der elektronischen Musik verstärken ihrerseits die Auflösung der Handlung in Details.

Nach der ersten Interpolation blitzen erneut verschiedene Wüstenlandschaften in schnellen, erratischen Splittern über den Bildschirm, unterbrochen von dem zweiten Einschub in Zeitlupe. In einer neuen Kameraeinstellung hat sich die Kamera dem Protagonisten von rechts genähert. Die wiederum unendliche Zerdehnung der folgenden linearen Handlung, dem Essen von zwei Löffeln Suppe, intensiviert durch die bedrohlich unberechenbare Geräuschkulisse der elektronischen Klangcollage, überlagert die Handlung in ausufernden Detailwahrnehmungen. Nach weiteren schwankenden Crashfahrten über urbane und landschaftliche Einöden folgt die dritte und zentrale Interpolation. Die Kamera hat sich dem Protagonisten noch weiter genähert, die Tischlampe ist jetzt die einzig sichtbare Lichtquelle. Er trinkt nun einen Schluck Wasser, bevor er erneut zum Glas greift, sich jedoch vergreift und daraufhin das Glas den ersten Sturz innerhalb des Innenraums vollführt. In wunderschönen Zeitlupenbildern zerspringt es in Nahaufnahme auf dem Boden in tausend Stücke. Daraufhin zieht sich die Kamera wieder auf den ursprünglichen Blickwinkel zurück, und wir sehen unseren Protagonisten in einem einzigen, unendlich fließenden Bewegungsablauf sich erheben, uns zuwenden und mit ausgebreiteten Armen auf uns herab und unter Wasser stürzen. Mit ihm stürzen die beiden Zeitstrukturen, stürzen Innen- und Außenraum ineinander. Viola verlässt mit diesem Sturz vollends unser Raum-Zeit-Gefüge und bietet uns eine Bildwelt an, die weder Zeit noch Raum, noch darin stattfindender Handlung verpflichtet erscheint, sondern lediglich unserer eigenen Wahrnehmung dessen, was ist.

Der durch den Sturz eröffnete Raum wird in der letzten Einstellung von »Déserts« als Rückkoppelung an den Anfang vor Augen geführt: Die Kamera wartet ruhig auf dem dunklen Grund des Wassers auf die nun langsam zu ihr herabsinkende Tischlampe, die schließlich schräg auf dem Boden zu ruhen kommt und in dieser Schieflage immer noch leuchtet [vgl. Filmstill S. 90]. Eine der Lichtquellen, die vorher als Marker für die Kontinuität und Begehbarkeit des Innenraums gestanden hat, ist nun in ihrer Schieflage und absurden Leuchtkraft unter Wasser Zeichen für die Auflösung dieser Gewissheiten. Sie erweist sich als unfähig, in diesen neuen Gefilden ihre altbekannte Klarheit zu stiften, wir sind ganz der schöpferischen Kraft unserer eigenen Wahrnehmung und Imagination überlassen. Dieser Zustand währt jedoch nur für einen kurzen Moment, schon beginnt der Zyklus von Neuem mit den aufsteigenden Luftbläschen des vorangegangenen Sturzes des Mannes der ersten Einstellung, dem ein weiterer folgt, dem wiederum ein weiterer Sturz folgen wird.

Weshalb diese Sehnsucht, bestehende Bildordnungen zu verlassen: Um Bilder zu schaffen, die für den Moment ihres Erscheinens nur für sich selbst stehen und nicht für etwas anderes. Unsere Wahrnehmung von Bildern ist eng eingebunden in eine Struktur aus Erfahrungen, Erinnerungen, Konventionen und nicht zuletzt einer starken Kontextgebundenheit, wo und in welcher Gesellschaft beispielsweise wir die Bilder sehen. All das sind konstituierende Elemente für unser Zusammenleben und die Möglichkeit, sich überhaupt untereinander zu verständigen und sinn- und identitätsstiftende Erzählungen und Diskurse zu entwickeln. Es sind in diesem Sinn vitale semiotische Systeme, lebendige Zeichensysteme, bei denen jedoch letztlich immer etwas für etwas anderes steht und nichts einfach nur für sich selbst. Ein Erinnerungsbild, das wir in unserem Gedächtnis einstellen, um das Original nicht zu vergessen, ist ein Abbild dieses Originals, nicht das Original selbst. Ebenso wie das Wort Tisch für unzählige Tische steht, als Übereinkunft, diese Art Möbelstück so zu benennen. Es ist die Bezeichnung dafür, nicht der spezifische Tisch selbst. Unsere Erfahrungen lagern sich im Gedächtnis als durch Ähnlichkeitsbeziehungen miteinander verknüpfte Erinnerungen ab. Die Sehnsucht des Verlassens dieser Ähnlichkeitsbeziehungen und Repräsentationsfunktionen zielen als künstlerische Strategie auf all das Undarstellbare, Unsagbare ab, das in unserem semiotischen System nicht eingefangen oder eben nicht abgebildet werden kann. Und hier setzt Bill Viola mit einer Bildwelt an, welche gezielt auf die Möglichkeit angelegt ist, diese Zeichensysteme zu verlassen und einen Blick auf die hinter ihnen liegenden Bilder und Emotionen freizulegen, welche instantan aufblitzen und für nichts anderes einstehen als für sich selbst.

Bill Viola ist sich bewusst, dass er das Unmögliche möglich machen möchte, seine Werke entziehen sich ja letztlich gerade nicht der Ebene der Darstellung, sie intensivieren und zelebrieren sie vielmehr. Sie verkörpern die Verheißung, dass es möglich wäre, die Sphäre einer bewertenden, subsumierenden und auf Ähnlichkeiten herunterbrechenden Wahrnehmung für einen Moment zu verlassen und in neue Welten aufzubrechen, frei von Konvention, Repräsentation und Erinnerbarkeit. Und sie verheißen dies als ureigenstes Potenzial von Kunst.

Wie kann Viola also, ohne die Ebene der Sichtbarkeit zu verlassen, ohne ikonoklastische Impulse, dennoch Videobilder zeigen, welche die Zweitaktigkeit unserer Repräsentation, also dass etwas für etwas anderes steht, verlassen und sich aufmachen zu einer wesenhaften Bildlichkeit frei von jeglichem repräsentativen Zwang? Also Bilder, die für sich selbst stehen und nicht als Stellvertreter für etwas Anderes, Abwesendes oder etwas Anderes, Ähnliches?

Indem er den Sturz in beständiger Schwebe hält: Das wiederkehrende Sturzmotiv ist der auf der Bildoberfläche sichtbare Moment, in dem diese Sehnsucht des Verlassens gewohnter (Bild-)Ordnungen von Raum und Zeit einerseits kondensiert und andererseits durch den Sturz, der auf einen vorangegangenen Sturz zurückverweist, in beständiger Schwebe gehalten wird. Dem Verlassen folgt kein finales Ankommen, lediglich die Verheißung darauf. Diese vermag jedoch in der durch sie geschaffenen Bruchstelle innerhalb unserer Sehgewohnheiten eine starke rezeptive Kraft zu entfalten.

Das Verlassen bestehender, von Erinnerbarkeit und Erzählbarkeit geprägter Bildordnungen erweist sich im Sturzmotiv Bill Violas als Moment der Schaffung eines kleinen Freiraumes innerhalb fixierender, repräsentativer Strukturen, um die Möglichkeit zu erhaschen, direkt etwas zu verstehen, was anders nicht vermittelt werden könnte als eben während des Übergangs der durch den Sturz geschaffenen Bruchstelle. Und das Beste daran ist: Auch wenn sich diese Lücke, dieser Freiraum längst wieder geschlossen hat, die Erkenntnis, die sie ermöglicht hat, bleibt.

Biografie | Bettina Keller-Back, 1973, Kunstwissenschaftlerin, Autorin und Lektorin, mit Schwerpunkten Zeitgenössische Kunst, Neue Medien und Architektur. Ihr Interesse gilt der Verbindung von Wahrnehmung und Sprache, um tiefer liegende Bildstrukturen, aber auch künstlerische Prozesse sichtbar zu machen. Sie hat an der Leuphana Universität Lüneburg zu Bill Violas Zeitstrukturen promoviert und war parallel nahezu 20 Jahre im Basler Kulturbereich tätig, u. a. für Ausstellungs- und Buchprojekte des Schaulager Basel, Herzog & de Meuron, der Fondation Beyeler und des Kunstmuseums Basel und weitere. Inzwischen freischaffend unter www.textriffe.ch, lebt Keller-Back in Basel.

Hiobs Mut oder: Die Frage nach Gottes Gerechtigkeit

Claudia Luchsinger

Es liegt für uns auf der Hand, dass der fromme biblische Hiob von Gott verlassen wurde, gilt er doch als Vorläufer von Christus, der am Kreuz schrie: »Mein Gott, mein Gott, warum hast du mich verlassen?« In den zwei Evangelien, in denen dieser Satz vorkommt, wird er aber aus Psalm 22 zitiert, und nicht aus dem Buch Hiob. Und noch erstaunlicher ist, dass das Verb »verlassen« bei Hiob gar nicht vorkommt! Warum denken wir denn so schnell und sofort an Hiob, wenn's ums Verlassenwerden geht? Auch das liegt auf der Hand: Hiob verliert ja alles – zuerst seinen materiellen Besitz, dann auch den »familiären«, seine Töchter und Söhne werden ihm genommen, und schließlich, wie wenn auch das nicht reichen würde, seine Gesundheit. Verlieren – Verlassen: Auf den ersten Blick ist dies dasselbe, auf den zweiten Blick ist es zumindest ähnlich. Und doch gibt es einen wichtigen Unterschied: Ich verliere etwas, ich bin verloren. Beides bezieht sich ganz auf mich selber. Verlassen werden oder verlassen: Das ist an ein Objekt oder eine Person gebunden. Verlorensein ist in sich geschlossen, ist endgültig, etwas verlassen oder von jemandem verlassen werden hingegen deutet auf ein Geschehen hin, auf eine Veränderung, die dynamisch bleibt.

Beginnen wir von vorne: Hiob war ein frommer, tadelloser Mann im Lande Ur, sehr reich und gesegnet mit Besitztümern und Ländereien; er hatte viele Tiere und eine große Familie, und alles lief so, wie es musste und wünschenswert war, und Gott, der Herr, hatte seine helle Freude an ihm – und ließ das auch den Satan wissen. Der war aber, seiner Natur gemäß, sehr skeptisch, und als Gott nicht aufhörte, von Hiob zu schwärmen, da kam von Satan die kluge, wenn auch bösartige Frage, ob Hiob denn *umsonst und ohne Grund* so gottesfürchtig sei. Darauf wusste Gott beim besten Willen keine Antwort, es fehlte die Erfahrung, und deshalb einigte man sich darauf, Hiob das zu entziehen, was ihm teuer war. Und schloss dabei eine Wette, die der Satan gewinnen würde, sobald Hiob Gott lästert.

Zuerst tastete man Hiobs Habe an. Die Sabäer und die Chaldäer fielen ein und erschlugen seine sämtlichen Tiere und Knechte. Aber damit nicht genug, auch seine Söhne und Töchter fielen durch einen Sturmwind. Hiob zerriss zwar seine Kleider vor Verzweiflung, aber er fand immerhin eine Erklärung: »Nackt bin ich gekommen aus dem Leib der Mutter, und nackt gehe ich wieder dahin. Der Herr hat gegeben, der Herr hat genommen, der Name des Herrn sei gepriesen.« (Hiob 1,21-22)[7] So blieb Hiob *umsonst, grundlos* fromm und lästerte Gott nicht.

Obwohl es geradezu unmenschlich ist, Gott nicht zu fluchen, wenn einem das Teuerste, die eigenen Kinder, genommen wird, so entbehrt es nicht einer gewissen *Logik*, dass der Mensch anfänglich und letztlich nackt ist, allein auf seinem Lebensweg, nichts hat als sich und sein Leben, wenn er vor Gott tritt. Die Nabelschnur wird durchgeschnitten am Anfang seines Lebens, und allein stirbt er: so die zwar psychologisch kaum fassbare, aber für einen frommen Gottesmann »natürliche« Erklärung.

Nun blieb es aber nicht bei dieser frommen Erkenntnis, noch nicht, denn Satan sagte zu Gott: »Haut für Haut! Alles, was der

Mensch hat, gibt er hin für sein Leben. Doch strecke seine Hand aus und taste sein Gebein an und sein Fleisch – wenn er dich dann nicht ins Angesicht lästert!« (Hiob 2,4–5) Und siehe da, als Gott der Aufforderung des Satans nachkam und Hiob mit bösen Geschwüren von der Sohle bis zum Scheitel schlug, da lästerte Hiob zwar nicht gegen Gott, aber er begann gegen Gott zu klagen und aufzubegehren. Krankheiten in Zeiten Hiobs endeten mit dem Tod. Und ja, was Hiob zuvor immerhin noch hatte, war sein Leben. Das Leben eines armen, aber unschuldigen, tadellosen, integren Menschen. Doch nun dies: Gott trachtete nach seinem Leben, »nach seinem Fleisch«. Das war zu viel für Hiob, das ging gar nicht.

Aus psychologischer Sicht ist dieser *Aufstand Hiobs* dennoch nicht ganz nachzuvollziehen. Warum (erst) jetzt? Wünscht man sich nicht viel eher den Tod, nachdem einem alles genommen wurde, vor allem auch die Kinder? Ist es nicht gnädig, selber zu vergehen, zu schwinden und verschwinden, wenn kein Stein mehr auf dem anderen bleibt? Hiob scheint diesen Wunsch zwar auch zu haben: Er verflucht den Tag seiner Geburt. Aber er tut dies in Wut und Verzweiflung, er wünscht, er wäre niemals geboren, um all dies zu erleiden. Dabei bleibt er jedoch, obwohl mit einer Krankheit geschlagen, erstaunlich vital. Hiob kämpft erbittert um sein Leben und gegen den Tod.

FUNDSTÜCK 3

Das Neue Testament zeigt sehr eindringlich, dass nur die Solidarität unter Menschen uns aus unserer jeweils eigenen Verlassenheit erlösen kann.
– *Milo Rau, Interview zu seinem Film »Das Neue Evangelium«*[8]

Warum hängt er denn so an seinem Leben? Und warum verflucht er Gott nicht, obwohl ihn seine Frau dazu auffordert? Die Existenz Gottes stellt Hiob nie infrage, das tut auch seine Frau nicht, das tat wohl niemand in jener Zeit. Aber im Gegensatz zu Hiob hat sie die Hoffnung auf Gott aufgegeben. Einen Gott, der einen im Stich lässt, wenn man ihn braucht, kann man nur verfluchen. Wie verständlich ist die Haltung seiner Frau, wie menschlich!

Anders aber Hiob: Er lässt die Hoffnung auf Gott nicht fahren, obwohl er sich von ihm verlassen, und ja: auch im Stich gelassen fühlt. Gott hat die Regeln ihrer Beziehung aufs Sträflichste verletzt, gar durchbrochen, und Hiob kann nicht verstehen, warum.

Diese Regeln lauten: Wenn du recht tust, wenn du die Gebote einhältst und fromm und gottesfürchtig lebst, dann kann dir nichts geschehen, vielmehr wird dein Leben gesegnet sein mit allem, was du dir wünschst, alt und lebenssatt wirst du einst sterben. Darauf hat Hiob bisher vertraut, darauf hat er sich verlassen können, und dafür hat er viel getan. Doch nun funktioniert diese Ordnung plötzlich nicht mehr, ja sie ist offensichtlich gestört. Und Hiob, der nicht weiß, was er verbrochen haben könnte, weiß sich weiterhin schuldlos und gerecht und muss Gottes Gerechtigkeit lautstark infrage stellen. Nicht seine eigene, sondern Gottes Gerechtigkeit hat ihn verlassen.

Wie reagiert man gemeinhin auf eine solche Art von Verlassenwerden? Doch mit Wut! Es macht unglaublich wütend, wenn man sich nicht mehr auf Spielregeln, auf denen das bisherige Leben beruhte, verlassen kann. Was harmlos tönt, kann harmlos sein, aber eigentlich ist es, zuerst einmal, eine Katastrophe. Gegen wen richtet sich diese Wut? Schwer zu sagen, aber die Wut braucht immer einen Adressaten, von dem man so etwas wie Gerechtigkeit einfordert. Ich kann wütend auf die Ärztin sein, die mir mit Ermahnungen in den Ohren lag, die sich als Schall und Rauch herausstellten; ich kann wütend auf meine Lebensumstände sein, die mich krank machten, auf meinen

Körper, der mir den Dienst versagt – oder eben auf einen Gott, der mir weismachte, es sei alles in Ordnung, wenn ich nur das oder dies tue, und mich dann doch im entscheidenden Moment verlässt. Und oft kommt auch die Frage: Warum ausgerechnet ich? Ich habe mir doch nichts zuschulden kommen lassen, während andere, die sich einen Deut um ihre Gesundheit, ihr Wohlergehen kümmerten, fröhlich weiterleben. Und wenn ich gottesfürchtig bin, so gerät eben die Gerechtigkeit Gottes für mich ins Wanken, die plötzlich nirgends oder eben grundlos, umsonst, gewesen ist. Eine seltsame Gerechtigkeit, oder ehrlich gesagt: gar keine!

*

Drei Freunde besuchen Hiob, um »mit ihm zu klagen und ihn zu trösten«. (Hiob 2,12) Sie sitzen bei ihm, schweigen sieben Tage und sieben Nächte, denn sie sehen, dass »Hiobs Schmerz sehr groß ist«. (Hiob 2,13) Als die Freunde jedoch erkennen, dass Hiob sich für schuldlos hält, bezichtigen sie ihn der Selbstgerechtigkeit.

Sie sehen nicht ein, weshalb Hiob so überzeugt ist von seiner eigenen Schuldlosigkeit, und sie empören sich darüber, dass Hiob Gottes Gerechtigkeit infrage stellt. Irgendwo muss Hiob sich schuldig gemacht haben, muss er eine »Leiche im Keller haben«, dass Gott ihn jetzt straft. Am Zusammenhang von Sünde und Strafe, bzw. »Recht tun« und Wohlergehen halten die Freunde fest. Ja, sie kommen sogar auf die scharfsinnige Erkenntnis, dass Hiobs Selbstgerechtigkeit und Hochmut dessen eigentliche Sünde sei und er deshalb bestraft werde. Und Elihu, ein vierter Freund, der dazukommt, rät Hiob, demütig zu sein und sich Gott zu unterwerfen.

Auch Hiob bleibt zuerst einmal der traditionellen »weisheitlichen« Theologie verhaftet, die weiß, dass Tun und Ergehen unmittelbar zusammenhängen, nämlich: Den frommen, rechtschaffenen Menschen segnet Gott, denjenigen, der Gottes Gebote nicht einhält, straft er. Deshalb ist Hiob auch erzürnt: Er kann nicht verstehen, dass Gott, auf den er sich bisher verlassen konnte, ihn dennoch verlässt. Doch im Verlauf des Gespräches, das zum Disput wird, richtet sich Hiobs Wut immer mehr auf die Freunde. Immer inständiger bittet er Gott, nicht zu schweigen, sich zu erklären, ja ihn zu belehren. Hiob will verstehen, was los ist. Er will wirklich wissen, weshalb ihn Gott verlassen hat. Man kann Hiobs Verhalten als Selbstgerechtigkeit, als Hochmut abtun, wie das seine Freunde tun; doch kann man es auch als Ablösung, als Verlassen des bisherigen Denkens verstehen, dass alles seinen Grund habe, dass nichts umsonst sei. Genau dies beginnt Hiob infrage zu stellen. Er mag verzweifelt sein, aber er hält diese Verzweiflung aus, indem er zwar den Weg, den er bis zur Katastrophe beschritten hat, verlässt, nicht aber Gott, an dem er festhält, dem er gegen besseres Wissen (das die Freunde vertreten) vertraut. Hiob erschrickt vor Gott, er fühlt sich von ihm gefangen, doch er hat den Mut, dies zu sagen, zu schreien und zu klagen – und doch auch die Geduld, auf Gott und seine Antwort zu warten, statt ihn zu verfluchen, ihn zu verlassen. Er hält an der Verbindung zu Gott fest, obwohl sie in der Krise ist, und fast flehentlich (oder trotzig?) sagt er zu seinen Freunden: »Ich weiß, dass mein Anwalt lebt, und zuletzt wird er sich über dem Staub erheben.« (Hiob 19,25) Es muss doch noch etwas anderes, einen anderen geben als diesen Gott, von dem die Freunde reden und an den er selbst bisher geglaubt: einen, der für ihn eintritt, ihn erlöst, einen gnädigen und nicht strafenden Gott.

*

Und Gott antwortet Hiob in den letzten Kapiteln des Buches tatsächlich und gibt ihm zu verstehen, dass alles noch einmal anders ist, als Hiob bisher angenommen hat.

Gott zeigt sich als ein transzendenter, unverfügbarer Gott, dunkel und rätselhaft, aber deshalb auch präsent dort, wo Menschen mit ihren Erklärungen an ein Ende kommen und Gott das Feld überlassen müssen, wo Menschen mit ihrem begrenzten Verstand und ihrer Moral nicht sind. »Wo warst du, als ich die Erde gegründet habe?«, fragt Gott auch prompt Hiob. (Hiob 38,4)

Damit gibt er ihm eine Antwort, die die menschliche Einsicht von Kausalitäten infrage stellt und gleichzeitig seinen göttlichen Raum ausweitet: Ich bin viel größer und kleiner, als du zu denken vermagst. Ich verlasse dich nicht, weil ich einfach da bin, nicht weil du ein Gerechter bist und ein Recht darauf hast, sondern weil ich Gott bin.

Ist das eine Antwort für Hiob? Genügt sie ihm? Offenbar schon. Hiob erklärt, er habe in Unverstand geredet über Dinge, die zu wunderbar für ihn gewesen seien und die er nicht begriff. Gott habe er vom Hörensagen gekannt, also so, wie er ihm von der Tradition her vermittelt wurde, jetzt aber habe er ihn mit eigenen Augen, von Angesicht zu Angesicht gesehen. Und Hiob gibt nun auf und »tröstet sich im Staub und in der Asche«. (Hiob 42,6)

Das klingt nach Resignation und Reue, ja sogar nach Schuldbekenntnis: Ich bin nur ein Mensch und habe mich geirrt.

Doch das ist noch nicht das Ende des Hiob-Buches. Denn Hiob wird am Schluss durch Gott wieder »hergestellt«. Gott hat Hiob nie verlassen im eigentlichen Sinn, aber er hat Hiob ein Stück weit dem Satan ausgeliefert; aber eben nur ein Stück weit, das Ganze ist unter göttlicher Kontrolle und man weiß von Anfang an: Hiob wird sich in seinem (neuen) Glauben bewähren.

Hiob wird also wiederhergestellt, hat noch mehr Reichtum als zuvor, hat sieben Söhne und drei wunderschöne Töchter. Und Gott entbrennt in Zorn gegen die Freunde Hiobs, weil sie, anders als Hiob, nicht die Wahrheit über ihn gesprochen hätten. Man mag diesen Schluss als märchenhaft-kitschig betrachten, man kann ihn aber auch so verstehen, dass es eben Hiob war, der das wahre Wesen Gottes erkannt hat, während die Freunde sich ein falsches, ein menschlich-allzu menschliches Bild von ihm machten. Hiob ist wiederhergestellt, weil er mit neuer Selbst- und Gotteserkenntnis gestärkt aus der Krise hervorgeht.

Und so komme ich nochmals auf die am Anfang gestellte These, dass Verlassenheit im Buch Hiob eine eigenartige dynamische Bedeutung bekommt. Die Beziehung zum verlassenden Gott verändert sich, aber sie geht nicht verloren.

Biografie | **Claudia Luchsinger, 1967, lic. phil. Germanistin und Theologin, Pfarrerin in Sent, lebt mit ihrer Familie in Pontresina. Interessiert sich unter anderem sehr für die Schnittstelle von Religion und Literatur und schreibt selber.**

Azad Ali,
Breakdancer
und Student

»Syrien ist gelb, die Schweiz ist blau«

Verlassen bedeutet für mich Flucht, Schmerz, aber auch Aufbruch zu neuen Ufern. Wir verließen unsere Heimat, da war ich gerade einmal vier Jahre alt war. Ich habe noch immer den Gedanken, einmal zurück nach Syrien zu gehen und nach Erinnerungen zu suchen. Ich frage mich, ob die Bilder, die ich in mir trage, real sind, ob die Nähe, die ich in mir spüre, auch da ist, wenn ich in diesem Land bin. Verlassen hat immer mit Verabschiedung zu tun; sei es ein Mensch, ein Land, ein Gedanke, ein Lebensabschnitt. Trotzdem: müsste ich dem Wort einen Geschmack zuordnen, würde ich sagen, Verlassen schmeckt bitter und erfrischend, wie eine Zitrone.

Wenn du realisierst, dass verlassen auch heißt, Schritte vorwärts zu machen, entwickelst du eine innere Stärke, die immer größer wird. So fällt es mit der Zeit leichter weiterzugehen.

Mit Breakdance habe ich schon mit 11 Jahren begonnen. Für mich ist Tanzen die absolute Freiheit. Ich kann mich körperlich ausleben, ich bin verbunden – mit mir, mit der Umgebung, der Musik, der Situation. Wenn ich tanze, spüre ich mich sehr genau. Ich nehme jede Einzelheit wahr und bin ganz bei mir. Ich spüre den Wind in meinen Ohren, was ich sehr mag.

1 | Syrien ist gelb. Aufbruch. Flucht aus dem syrischen Teil Kurdistans.

2 | Ich erinnere mich an Bilder wie Fotografien oder einen Film.

5 | Wir sind ...

6 | ... an einem Jahrmarkt ...

9 | Jordanien ...

10 | ... eine konkrete Erinnerung fehlt.

3 | Wir sind ins Taxi gestiegen ...

4 | ... ich habe aus dem Fenster geschaut ...

7 | ... mit Riesenrad ...

8 | ... vorbeigefahren.

11 | Die Farbe ist Beige ...

12 | ... beige wie der Sand auf den Straßen.

13 | Ägypten ...

14 | ... auch beige.

17 | Spanien ...

18 | ... die Farbe: Rot.

21 | Ankunft Schweiz.

22 | Rikon.

15 | Ich habe ein Spielzeugauto geschenkt bekommen.

16 | Es hielt gerade einmal einen Tag.

19 | Viel Bewegung ...

20 | ... kein klares Bild.

23 | Lager.

24 | Ruhepol. Blau.

25 | Zürich.

26 | Zürich.

29 | Wir sind von Syrien, wo Krieg war ...

30 | ... in ein sicheres Land gekommen.

33 | ... vom Dorf in die Stadt ...

34 | ... immer Schritt für Schritt vorwärts gegangen.

27 | Zürich.

28 | Zürich.

31 | Von einem Asylheim ...

32 | ... in eine eigene Wohnung ...

35 | Das merkst du aber ...

36 | ... erst nach dem dritten, vierten Schritt.

37 | Es ist ein sehr langer Prozess ...

38 | ... bis man sich in der Schweiz wohlfühlt.

41 | Die Familie kannst du nicht verlassen.

42 | Da wirst du hineingeboren.

45 | Tanzausbildung.

46 | Ich hatte nie vorgehabt, die Ausbildung abzuschließen.

39 | Meine Integration war eigentlich erst fertig …

40 | … als ich ins Gymnasium kam.

43 | Ich musste wegziehen, weg vom Elternhaus.

44 | Erst da habe ich realisiert, was mir die Familie gibt: Halt und Stärke.

47 | Ich habe es für mich als Erlebnis gesehen …

48 | … auch als Erfahrung.

49 | Was man lernt ...

50 | ... wenn man so viel verlassen muss, ist ...

53 | Danach gehe ich wieder.

54 | Als ich die Tanzausbildung verließ ...

57 | Die eigene ...

58 | ... Erfahrung ...

51 | ... dass man manchmal einfach etwas genießen kann.

52 | Gerade auch, weil man weiß, dass es danach fertig ist.

55 | ... dachte ich, ich werde Anwalt.

56 | Das Studium hat dann was anderes gesagt.

59 | ... treibt ...

60 | ... mich an.

Biografie | Azad Ali, 1995, ist im letzten Jahr des Master Studium Public Managment and Policy an der Universität in Bern. Zuvor hat er Tanz, Politik- und Rechtswissenschaft studiert. Er ist Breakdancer, DJ sowie Initiator von vielen innovativen Projekten. Als er vier Jahre alt war, verließ er, zusammen mit seiner Familie, das kurdische Syrien. Über Jordanien, Ägypten und Spanien landete die Familie in der Schweiz. Er wusste schon früh, dass er in der öffentlichen Verwaltung bei der Integration mitwirken möchte.

Was von der Liebe bleibt

Nachdem sich Olinka Vištica und ihr damaliger Partner Dražen Grubišić getrennt hatten, fiel es beiden schwer, das Ende ihrer Liebe und die darauffolgende Trennung zu akzeptieren, solange beide noch umgeben waren von Andenken aus gemeinsamen Zeiten. So kam es zum Entschluss, den Relikten aus diesen Tagen einen besonderen Ort zu geben, an dem sie sicher aufbewahrt werden und wo sie nicht mehr durch die ständige Erinnerung den nun anderweitig gestalteten Alltag stören. So entstand in Zagreb »Das Museum der zerbrochenen Beziehungen«.

Nachdem die Sammlung seit August 2007 mehrere Jahre als Wanderausstellung weltweit von Ort zu Ort transportiert wurde, ist sie seit November 2010 dauerhaft in Zagreb untergebracht und kann dort täglich besichtigt werden. Bisher konnte die Ausstellung in Kroatien, Serbien, Mazedonien, Bosnien und Herzegowina, Deutschland, USA und in Südafrika besichtigt werden. Eine temporäre Präsentation an zusätzlichen Orten wird auf Anfrage weiterhin organisiert.

Beide sammelten seither Objekte aus gescheiterten Beziehungen. Das Museum versammelt inzwischen Gegenstände – teilweise skurril, oft plakativ und tragikomisch –, die sinnbildlich für eine zerbrochene Beziehung stehen. Jeder kann mit seinem Exponat zur Ausstellung beitragen; so hat eine geschiedene Ehefrau dem Museum kommentarlos ihr Hochzeitskleid vermacht, aber sich dennoch die Hoffnung auf glücklichere Zeiten bewahrt: »Kann ich es zurückbekommen, falls ich mich jemals dazu entschließen sollte, noch einmal zu heiraten?«[9]

https://brokenships.com

Gonnie Heggen, Tänzerin, Choreografin und ehem. Dozentin für Tanz

»Ich ging mit zwei Taschen, sonst nichts«

»Das Thema von Verlassenheit zieht sich durch mein ganzes Leben. Es war für mich ein Prozess des Erwachsenwerdens, so könnte man es nennen. Ich habe durch meine Geschichte gelernt, was Verlassen für mich bedeutet.«

Der Fotograf Goran Basic und ich sitzen in meinem Wohnzimmer in Zürich. Durch den Bildschirm sehen wir Gonnie Heggen in ihrem Garten in Hawaii, ihr Rollator, den sie zum Gehen braucht, steht neben dem Stuhl, auf dem sie sitzt. Palmen im Hintergrund; ein exotischer Soundteppich flutet in die Dämmerung unseres Januarabends.

Gonnie und ich haben zusammen die Tanzakademie in Amsterdam besucht. Sie war eine Klasse über mir und eine herausragende Tänzerin. Niemand tanzte so elegant und linienklar wie sie. Wir bewunderten sie alle sehr. Zudem war sie cool, lustig und verfügte über einen trockenen, feinen Humor.

Nach der Akademie tanzte sie in New York, kreierte ihre eigenen Choreografien, in denen sie auch mittanzte, und war viel unterwegs. Mit 33 Jahren hatte sie einen »ersten kleinen neurologischen Zusammenbruch«, wie sie es nennt. Gonnie wollte damals nicht wissen, woher er kam. Doch der damit verbundene Kontrollverlust, über den sie keine Macht hatte, dem sie auch mit größter Willensanstrengung nichts entgegensetzen konnte, brachte eine neue Art von Angst in ihr Leben. Angst, ihrem Körper nicht mehr trauen zu können; Angst vor dem Gehen; Angst, Angst zu haben.

Zwei weitere Episoden mit neurologischen Problemen folgten, die zu einem viel späteren Zeitpunkt zu der Diagnose MS mitgezählt wurden. Mit 51 Jahren zog Gonnie nach Hawaii.

»Ich fühlte mich stark genug, um eine so große Lebensveränderung zu wagen. Ich entdeckte diesen wunderschönen Ort mit starken Energien. Und ich lernte meinen Mann kennen, verliebte mich. Wow! Du weißt schon, total high. Ich war voller Selbstvertrauen. Doch dann war ich auf Hawaii und dachte: Was mache ich hier? Ich hatte keine Ahnung, was ich hier tun sollte. Und dann fing mein Körper wieder an, krank zu werden. Ich hatte wieder Probleme mit dem Gehen und dachte: O mein Gott, nein, nein, nicht das! Das war nicht mein Plan.

Ich fühlte mich besonders verlassen, weil ich mein Leben doch komplett verändert hatte. Als ich nach Hawaii kam, dachte ich, mit allem fertig geworden zu sein. Darum war dieser Einbruch, glaube ich, das Schwierigste, als ich merkte, dass ich noch nicht fertig bin mit der Krankheit. Oder der Körper ist nicht fertig damit, mir die Schwäche zu zeigen. Das war am Anfang eine große Enttäuschung. Ich habe lange gebraucht, um das zu akzeptieren. Ich fühlte mich von meinem Körper im Stich gelassen. Mein Körper hatte mich physisch verlassen. So etwas in der Art, weißt du. Es war, als hielte das Universum mir eine Karotte vor die Nase, und ich folgte der Karotte sehr gerne. Und dann bin ich in Hawaii und irgendwie haben sie die Karotte weggenommen.«

Gonnie spricht lebhaft; sie lacht viel. Doch die Pausen, das zwischen den Sätzen in sich Lauschen, erzählen auch von Schmerz und Einsamkeit und vielen Stunden der Reflexion und Auseinandersetzung mit allem. Ich bin in Gedanken noch bei dieser Stille, während sie schon weiterredet.

»Es wurde mir klar, dass ich etwas tun muss. Eine Entscheidung treffen, wie ich es früher getan hatte. Ich musste es wieder tun. Die Entscheidung treffen, damit umzugehen, mich der Situation frontal stellen, und zwar auf einer grundsätzlichen Ebene. In einem einfachen Leben, auch in der Beziehung zu meinem Mann. Und als ich das konnte, realisierte ich, dass ich sehr viel Glück habe, an einem Ort wie diesem zu sein, weil, wie du weißt, bin ich im Paradies, und das ist es immer noch! Damals ging ich noch oft zum Ozean. Ich konnte jeden Tag im Ozean schwimmen, wenn ich das wollte. Mein Mann übte keinen Druck aus, irgendetwas zu tun.

Und so habe ich langsam angefangen zu akzeptieren. Nach dem Motto: ›Okay, deshalb bin ich hier, das ist meine Arbeit.‹ Es wurde erträglicher. Und gleichzeitig begann eine Suche nach Enträtselung. Denn es war, es ist ziemlich komplex.«

Gonnie vertiefte sich schon seit Langem in die Spiritualität. In dieser Zeit, begann sie mehr und intensiv zu meditieren. »Ich bin nach innen gegangen. Das war es, was ich tun musste. Anfangs gab es eine Menge Widerstand. Es ist ja nicht so, dass ich mir aussuchen kann: Okay, im nächsten Monat gehe ich rein und schaue mir alles an, und dann will ich sehen, will ich verstehen, und dann kann ›es‹ weggehen. Es ist das menschliche Ego, das verhandeln will.

Ich jedoch wollte mit meinem Körper verhandeln, ich wollte mit meinem Körper reden, also was das ist und so weiter.

Zugleich wollte ich ihn aber auch beruhigen und ihm sagen, dass er mir vertrauen könne. Und dann habe ich irgendwann gehört, wie mein Körper gesagt hat, sag mal, vertraust du mir? Und das war wow! Das war wunderbar, denn ich musste zugeben, dass ich meinem Körper nicht vertraute. Ich hatte das Vertrauen in meinen Körper verloren. Ich hatte kein Vertrauen in das, was vor sich ging, und ich hatte natürlich Angst, verständlicherweise.

Es war ein schwieriger Prozess, doch langsam erkannte ich, dass dies genau der Grund war, warum ich nach Hawaii gekommen war.

Wenn du nach innen gehen kannst, erkennst du, dass du nicht dein Körper bist. Ich bin nicht mein Körper, und ich bin nicht einfach diese Person mit MS. Ich kann heute an einen Ort des Friedens gelangen, manchmal Glückseligkeit. Und dann geht man in sein tägliches Leben, und dann fangen die Dinge wieder an zu nerven.«

Wie cool Gonnie immer noch ist. Und mutig. Gleichzeitig muss ich innerlich lachen, weil sich die frühere Gonnie während unserer Tanzakademie-Zeit in Amsterdam liebevoll lustig über meine spirituellen Ausflüge machte.

Gonnie lernte, dass ihr frühestes Trauma aus einer Zeit entstand, als sie noch im Bauch ihrer Mutter war. Sie schätzt, dass sie damals ein acht Monate alter Fötus war. Irgendetwas sei im Haushalt oder zwischen ihren Eltern passiert, denn plötzlich beschloss ihre Mutter, dass sie Gonnie nicht mehr wollte. Sie wollte dieses Baby nicht. Gonnie meinte zu spüren, dass ihre Mutter versuchte sie loszuwerden. Sie sagt, dass dieses Trauma, aufgegeben worden zu sein, dazu führte, dass sie nicht geboren werden wollte.

»Ich wollte nicht hier sein, ich wollte nicht leben, ich wollte dieses Leben nicht. Das ist ziemlich dramatisch. Aber diese Informationen zu erfahren, weil ich mich natürlich nicht wirklich daran erinnern kann, ist wichtig. Es ist in meinen Zellen gespeichert, es ist ein zelluläres Gedächtnis. Das habe ich im Laufe der Zeit gelernt. Der Körper ist intelligent. Als ich mich damit beschäftigte, konnte ich wirklich überall in meinem Leben Muster erkennen. Ich war an Beziehungen interessiert, aber ich wollte sie nicht eingehen, besonders nicht diese Mann-Frau-Sache. Ich zog mich aus dem Leben zurück, das war meine Tendenz. Das erklärte also alte Gewohnheiten und Probleme. Das erklärte meine starke Angst vor dem Verlassenwerden.«

Bei meinem Umzug von Wien nach Zürich entdeckte ich in meinen Unterlagen den Flyer von einem Stück, das Gonnie für sich, Miranda Pennell und mich 1986 in Holland choreografiert hatte. Das Stück hieß BREEDING BELLY. Wir trugen Tops und weiße Leggings, dazu kurze Ballonjupes, die Hüfte und Pelvis verdeckten.

Als Gonnie mir diesen Januar 2022 über ihre erste Erinnerung erzählt, erwähne ich den Flyer. Auch, dass Miranda, die unterdessen eine erfolgreiche Filmregisseurin geworden ist, und ich an Weihnachten letzten Jahres über den Titel sprachen, weil ich ihr den Flyer gezeigt hatte.

> BREEDING BELLY
> 1986 choreografierte Gonnie Heggen das Stück BREEDING BELLY mit der Ballettmusik AGON von Igor Strawinsky für Miranda Pennell, Salome Schneebeli und sich. Die Musik war eine große Inspiration für Gonnie und die Basis ihrer Choreografie. Mit Balanchines Interpretation hat BREEDING BELLY wenig gemein.
>
> Balanchines Ballett besteht aus einem Wettspiel von Bewegungsabläufen in Konstellationen von einem bis zwölf Tänzern. Zwölf Sätze mit vier, durch »Prélude« und »Interlude« getrennten Teilen zu je drei Nummern sind vorgegeben. Die erste und letzte Nummer sind ebenso wie »Prélude« und »Interlude« nahezu identisch.
>
> Gonnies Stück besteht aus drei Tänzerinnen. Das Motiv des Wettspiels, der Wiederholung und Anordnung von Balanchine hat sie aufgegriffen. Ihr ging es jedoch um ein Grundgefühl des Brodelns – grace under pressure –, Hinausdrängens und um Kreativität. Und vor allem um die Frage, wie übersetzt man Musik in Körper.

Gonnie hatte uns beiden nie eine Erklärung darüber abgegeben, wie sie auf diesen merkwürdigen, unübersetzbaren Titel bekommen ist. Wir hatten sie allerdings auch nie danach gefragt.

»Wahrscheinlich ging es schon da um dieses ursprüngliche Trauma. Nur wusste ich das noch nicht.« Gonnie spricht jetzt fast eher zu sich selber als zu mir und Goran. »Mein ganzes Leben lang hatte ich das Gefühl, nervös zu sein und aus der Haut fahren zu wollen. Es war wie ein Schlag auf das Nervensystem, so fühlte es sich immer an. BREEDING BELLY und all die Arbeiten, die Kreativität, das Tanzen, das hat mir in gewisser Weise das Leben gerettet. Ich konnte etwas übersetzen, das ich noch nicht richtig verstand, ich konnte das Trauma transformieren und Spaß daran haben.

Das ganze Tanzen ist sehr gesund, sehr heilsam. Ich vermisse es, ich vermisse es sehr, muss ich sagen. Es hat so viel Spaß gemacht, es war aufregend, und später, nach der zweiten Episode, war noch genug Kraft da, um zu unterrichten. Ich unterrichtete dann als Dozentin an der Hogeschool voor de Kunsten SNDO, schlug damit ein neues Kapitel auf, und es war großartig. Über die Krankheit dachte ich damals, dass ich fertig damit sei.

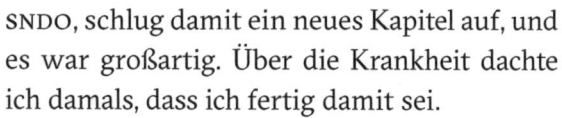

Die letzten fünf Jahre in Amsterdam, nach dem zweiten Schub, waren sogar beruflich gesehen meine besten Jahre. Meine einzigen Jahre, in denen ich meine eigene Frau war, eine unabhängige Frau, eine Geschäftsfrau, die ihr eigenes Geld verdiente, die alles auf die Reihe bekam, wie man so schön sagt. Die ihr Leben lebte. Alles war gut. Fünf Jahre waren mir gegeben. Das war's. Dann habe ich diesen Schnitt gemacht, machen müssen.«

Ich war sehr besorgt damals, als ich hörte, dass Gonnie auswandern wolle. Sie sagte mir jedoch, sie hätte den Eindruck, sie werde geführt und dass sie diesen Umzug machen müsse, um zu wachsen. Als ich sie jetzt an dieses Gespräch erinnere, sagt sie:

»Ja, und weißt du was? Du hast den Nagel auf den Kopf getroffen. Das ist ein weiterer Aspekt des Aufgebens. Ich hatte mich dort aufgegeben, in diesem Augenblick, in gewisser Weise.

Darum war es ganz klar für mich, dass ich einen sauberen Schnitt machen muss. Also hatte ich kein Problem damit. Es war eigentlich sehr einfach. Einfach weil ich high war, weißt du.« Sie lacht. »Schmetterlinge, wow! Delfine! Ich ging mit zwei Taschen, sonst nichts. Wie konnte ich meine Sachen loslassen, meine Wohnung. Ich glaube nicht, dass einer meiner Freunde, die ich hier habe und die nicht von hier kommen, so radikal war.«

Ich sage ihr, dass ich sie immer radikal fand. Ja, sie war von uns dreien eindeutig die Radikalste. Miranda dagegen verspielt und oft in ihrem eigenen fantastischen, ein bisschen verschrobenen Kosmos und ich, wie gesagt, zwischen Welt und Universum herumschweifend.

»Glaubst du das? Wirklich? Ich nie. Ich habe mich nie, nie, nie so gesehen. Aber vielleicht hast du recht. Was passiert ist, war, und ich schätze, ich musste das fühlen, ich trauerte, ich trauerte um meine Zeit in Amsterdam. Nicht dass ich die materiellen Dinge vermisst hätte, die ich zurückgelassen habe. Doch symbolisch dafür ist, dass ich mich selbst weggeworfen habe, dass ich die meisten meiner Videos weggeworfen habe, die meisten meiner Fotos, die meisten meiner – ich glaube, alle – meine Tagebücher und Journale. Weißt du, es ist fast so, als wollte ich dieses Leben wegwerfen. Ich sage nicht, dass es nicht gut genug war, aber ja, ich war bereit für eine neue Gonnie.

Ich habe es keine Sekunde bereut, niemals und nie. Allerdings habe ich mich lange so gefühlt, als ob jemand gestorben wäre. Ich habe ein paar Jahre lang getrauert, weil ich den Fokus vermisst habe, den ich hatte, die Freude an diesem Fokus, an dem Antrieb, an der Kreativität. Und die Leute, meine Freunde vermisste und vermisse ich auch. Da das Reisen für mich zu anstrengend geworden ist, müssen sie zu mir kommen.«

Gonnies Mann läuft im Hintergrund durch den Bildschirm. Er kommt näher, winkt in die Kamera, wir wechseln ein paar Worte. Ich kenne ihn nur durch die Zoomgespräche mit Gonnie. Wir sind füreinander Geister aus verschiedenen Zeitzonen.

»Aber noch einmal zurück zum Tanzen. Ihr seht, heute gehe ich mit dem Rollator«, fährt Gonnie fort. »Ich habe hier auch ein paar holländische Freunde, und eine von ihnen liebt es zu tanzen: Um mich aufzumuntern, sagte sie zu mir, dass wir doch

FUNDSTÜCK 5

»**Great Wall Walk**«, **oder wie man es auch machen kann**
Als die Künstlerin Marina Abramović und ihr Partner Ulay nach 12 Jahren ihre Beziehung beendeten, wählten sie dafür einen unkonventionellen Weg. Sie entschieden, aufeinander zuzugehen, sich entgegenzukommen, und das ganz im wörtlichen Sinne. Auf der Chinesischen Mauer. Am 30. März 1988 startete Abramović am östlichen Ende der Mauer, am Bohais-Golf; Ulay nahm die Mauer am westlichen Ende, in der Wüste Gobi, unter seine Füße. 90 Tage dauerte diese Wanderung der besonderen Art; als sie sich nach 2000 Kilometern in der Mitte trafen, umarmten sie sich, sagten Goodbye und gingen beide ihrer Wege.[10]

---

in meinem Wohnzimmer Platz machen könnten und tanzen. Das haben wir dann einmal gemacht, und ich habe es gehasst! Ich konnte es nicht genießen. Wir hatten ein bisschen Musik aufgelegt, und sie hatte Spaß, sehr locker, aber ich habe es gehasst, weil ich keinen Spaß haben wollte. Ich war wütend. Weil mein Körper nicht wollte, weißt du, nicht konnte, nicht so wie ich wollte, und das war nicht gut genug. Wir haben es nie wieder gemacht.«

Nach einem kurzen Moment des Innehaltens beginnt Gonnie den letzten Teil unseres Gesprächs mit der Frage: »Ich weiß nicht ob du die weiße Katze, die wir hatten, kennengelernt hast? Wie auch immer, das war eine sehr besondere Beziehung. Diese Katze lebte schon mit meinem Mann, als ich ihn kennenlernte.

Eigentlich bin ich allergisch auf Katzen. Doch da ich mit meinem Mann zusammenleben wollte, musste ich einen Umgang finden und die Allergie ignorieren oder loswerden. Ich wusste nicht, wie ich das anstellen sollte, bekam aber Hilfe von einer Person, die sagte, dass sie mich sehe und die Katze, die mich mit bedingungsloser Liebe anschaue, mir gegenüber. Irgendwie funktionierte dieser Satz so, dass ich den Widerstand abbauen konnte und die Allergie fast gänzlich verschwand. Im

Laufe der Jahre entwickelten die Katze und ich eine starke Beziehung. Ich glaube, sie hatte sich für mich entschieden. Doch dann, im letzten Juni starb sie. Es brach mir das Herz, und ich war sehr traurig, fast depressiv. Ich realisierte, wie sehr sie mir in diesem ganzen Krankheitsprozess ein Kumpel war. Ihre Liebe und die Liebe zwischen uns – natürlich auch die Liebe mit meinem Mann – hat mir all diese Jahre erträglich gemacht.

Sie wurde zweiundzwanzig Jahre alt, sie hatte also lange gewartet, bis sie ging. Trotzdem, ich vermisste sie, mochte das Leben überhaupt nicht nach ihrem Tod.

Und dann geschah ein Wunder. Anfangs Dezember 2021, also ein halbes Jahr später, zeigte sie sich mir. Du musst mir nicht glauben, doch habe ich sie wirklich gesehen. Ich saß hier, wo ich jetzt sitze, und ich blicke hinaus auf das, was wir auf Hawaiianisch Lanai nennen, eine Art Veranda. Plötzlich sehe ich eine weiße Katze vorbeigehen. Es waren nur zwei oder drei Sekunden. Seltsamerweise dachte ich nur, hey, eine weiße Katze. Und dann ist es, als würde die Zeit langsamer vergehen. Ich sehe die abgeschnittenen Ohren, die sie hatte, ich sehe den schlaffen Bauch, die Haut einer älteren Katze, und ich erkannte, dass das sie ist. Ich stand auf und wollte zu ihr nach draußen gehen, war aber viel zu langsam. Als ich endlich draußen ankam, war sie weg.

Perplex und erleichtert, weinte ich haltlos. Es war ein Geschenk, sie schien mir sagen zu wollen, dass es ihr sehr gut gehe. Denn auch das Gesicht, das vorher von ihrem Hautkrebs voller Wunden war, war ganz sauber, ihr Fell wieder glänzend und strahlend weiß. Es schien mir zudem, dass sie mir sagen wollte, dass sie in der Nähe sei; sie war nicht weit gegangen. Und ich denke, man kann sagen, dass vielleicht alle, die gestorben sind, gar nicht so weit weg sind. Eine große Erleichterung ist es, dies zu wissen, und es ist auch ein Trost.

Nach diesem Ereignis wurde ich viel leichter, glücklicher. Ich konnte wieder Freude empfinden, was ich lange nicht mehr gefühlt hatte. Ich fühle jetzt eine größere innere Stärke, die immer weiterwächst. Die Verlassenheit, die ich hatte, löste viel Traurigkeit und viel Schmerz aus. Meine Katze zeigte mir, dass ich nicht allein bin, dass wir alle verbunden sind. Ich bin sozusagen durch sie in dieses Einssein hineingeraten. Ja, genau. Ich habe seitdem das Gefühl, dass ich aus der Sache herauskomme und dass ich darauf vertrauen kann, dass dieser Prozess, was auch immer er ist, seine Zeit hat und ich mich einfach darauf einlassen muss. Das ist alles, was ich tun kann.«

Biografie | **Gonnie Heggen, geboren 1962 im Süden der Niederlanden, war Tänzerin, Choreografin, Tanz- und Alexander-Technik-Lehrerin. Sie studierte 1980-1984 Musikwissenschaft an der Universität Amsterdam, anschließend 1984-1988 Tanz an der School for New Dance Development/Amsterdamse Hogeschool voor de Kunsten. Zwischen 1988 und 2003 war Gonnie Heggen als Choreografin und Tänzerin tätig, sowohl in eigenen Stücken als auch in Kollaborationen mit anderen Künstler:innen in den Niederlanden wie auch international. Gleichzeitig begann sie ihre Lehrtätigkeit der Tanzimprovisation wie auch das Alexander-Technik-Lehrertraining (2004-2008) im Alexander Technique Centre Amsterdam. 2008-2013 war Gonnie Heggen Lehrerin und Mitglied an der School for New Dance Development, Hoogeschool vor de Kunsten, wo sie Tanz und Alexander-Technik unterrichtete und als Mentorin arbeitete. Ihr Schwerpunkt in all den Fächern war es, die Student:innen von Gewohnheiten zu befreien, die hinderlich für den künstlerischen Weg sind. Nach der Diagnose Multiple Sklerose (MS) zog sie 2013 nach Hawaii, um dort mit ihrem Ehemann Mike zu leben und mit Delfinen und Walfischen zu schwimmen. Ihr neuer Fokus liegt einzig auf der Genesung und dem Genießen des Lebens.**

Von Kaffeemühlen aus Holz und Glitzerbildern im Poesiealbum

Anne Rüffer

Meistens geschieht es beim Aufräumen – weil man umzieht, weil das Haus oder die Wohnung nach dem Tod eines Menschen geräumt werden muss, manchmal allerdings auch nur, weil es an der Zeit ist, sich von gewissen Dingen zu trennen. Dabei fallen einem Gegenstände in die Hände, die voller Geschichten sind, die Spuren von gelebtem Leben zeigen, selbst wenn das dazugehörige Leben schon lange nicht mehr da ist.

In diesen Momenten steigen Erinnerungen auf, die Luft ist wieder erfüllt von derjenigen, die diesen Hut mit Spitzenschleier trug, das Vanillearoma, mit dem die Meerschaumpfeife gestopft wurde, zieht durch den als Bibliothek genutzten Raum. Und auf einmal macht sich so etwas wie Mitgefühl mit diesen Dingen breit, die niemandem mehr etwas bedeuten, für die sich nun keiner mehr interessiert: die *Kaffeemühle aus Holz mit Drehkurbel und Schublade*, aus *New York grüßende Schneekugeln* vom ersten Transatlantikflug als

Teenager, Porzellanpuppen mit auf- und zuklappbaren Augen, ein vergoldetes Zigarettenetui mit Platz für 10 Glimmstängel auf jeder Seite, Briefe in Handschriften, an deren Absender sich niemand mehr erinnert.

Häufig sind es schlicht technische Erneuerungen, die den Gegenständen ihre Bedeutung nehmen. So beim Waschbrett oder der Postkutsche, bei Telefonkabine und Telex. Und das ist gut so. Gleiches gilt für Scheußlichkeiten wie den nickenden Dackel auf der Hutablage des Mercedes-Fahrers. Auf der anderen Seite sorgt ein neues Bewusstsein für den Wert von Ressourcen dafür, dass Repair-Cafés aus dem Boden schießen und dem Toaster von Oma neues Leben einhauchen. Und manche Gegenstände sind so besonders – im Klang und in der Atmosphäre, von ihrer Wirkung auf das Gemüt –, dass sie ein Revival erleben. Dazu gehören die wieder erwerbbaren Schallplatten wie das gute alte Stopfei.

All diesen ausgemusterten Gegenständen und Dingen, die lange Zeit eine Bedeutung hatten, die Erinnerung wie Trost boten, denen ein unsichtbarer Wert innewohnt, die vergessen gehen und zurückgelassen werden, ihnen gehört auf diesen Seiten unsere Zuneigung.

Waschbrett

Die erste vollautomatische Waschmaschine kam 1946 in den USA auf den Markt. Ab Anfang der 1950er-Jahre eroberten Waschmaschinen auch Europa. Bald einmal wurde *das gute alte Waschbrett* ausgemustert, und seither dient sein legendärer Name hauptsächlich als erstrebenswertes Ideal ...

Telegramm »Komme Freitag, 9.30«

Das Telegramm (1844 bis 2006 USA, bis 2008 Indien und Thailand)[11] erfreute sich großer Beliebtheit, um Glückwünsche zu übermitteln, Geburten mitzuteilen oder einfach nur die eigene Ankunft anzukündigen.

Lockenwickler aus Metall und dazu die Trockenhaube

In den 1970er- und 1980er-Jahren erlebte sie ihren Höhepunkt: die Dauerwelle. Jedes noch so dünne und glatte Haar wurde mittels Chemie in eine wilde Lockenpracht verwandelt. Ihren modischen Ausdruck fand sie in kleinen krausen Locken – dem Afro-Look in den 1970ern – oder in dicken Korkenzieherlocken bis hin zur »luftigen Welle für den Mann« in den 1980ern. P.S.: Seit Kurzem ist die leichte Dauerwelle wieder in Mode ...

Das Internet hieß früher 111

Eine Nummer, eine Straße, ein Geschäft – man wählte die 111, und schon erhielt man von einer freundlichen Stimme die Auskunft. 1921 eingeführt, per 1.1.2017 definitiv abgeschafft, inzwischen nur noch in alten Filmen sichtbar: das »Fräulein vom Amt«, das auch Rat in komplizierten Lebenslagen wusste.

Lohntüte

Bis in die späten 1950er-Jahre erhielten Arbeiter am Ende des Monats, jeden Freitag oder alle zwei Wochen ihren Verdienst in bar und in einer Tüte aus Papier ausgehändigt. Zeitzeugen berichten, dass die Ehefrauen an den Zahltagen ihre Männer vor dem Betrieb – meist eine Fabrik – abfingen, damit die Lohntüte nicht in der nächsten Gaststätte vollständig ausgegeben wurde.

Glitzerbilder im Poesiealbum

Ein untrügliches Zeichen für den Platz auf der Beliebtheitsskala bildete die Anzahl und Ausgefallenheit der Glitzerbildchen, die in das herumgereichte Poesiealbum geklebt wurden.

Was wir verlassen (haben), aber nicht vermissen

Blümchen-Schwimmhauben | Lebertran | Roger-Schaub-Mützen | HB-Männchen | Meister-Propper-Werbung | Häkelschutz für die Klopapierrolle | Männer mit Hut | ... | ...

**Das Paradies hat eine Adresse:
Hausbuschgasse 1, Herr Kramprich**

In großen Gläsern mit Schraubdeckeln waren alle Herrlichkeiten lockend auf der Theke aufgereiht. Und auf dem Heimweg nach der Schule, gönnte man sich – je nach Lage an der Taschengeldfront – etwas von diesen Köstlichkeiten, die zum Teil bereits für 1 Pfennig zu haben waren. Herr Kramprich war nicht geizig: Wer nur einen 1 Pfennig für 1 Colafläschchen ausgeben konnte, fand mit einem Augenzwinkern 2 in der kleinen Papiertüte.

Groschenträume bei Herrn Kramprich oder was man für 10 Pfennige (1 Groschen) kaufen konnte: 2 Lakritz-Schnecken | 2 Speckmäuse (eine Art Marshmellow ohne den Namen) | 10 Brausetabletten in Gelb = Zitrone; in Rosa = Erdbeere | 1 Packung mit 5 Storck-Riesen-Karamellbonbons | 3 Kugeln aus dem Kaugummiautomaten und mit Glück noch einen Glitzerring dazu | 1 essbare Kette am Gummiband

Und Herr Kramprich ließ einen ganz lange schauen, wofür man am Ende seine kostbaren Pfennige aus den schwitzenden Händen auf seine kleine Plastikmatte legen wollte.

Apropos: In der Eisdiele »Cortina« gab es 1 Kugel Vanille, Schokolade, Erdbeere oder Zitrone in der Waffel für 1 Groschen!

Bonanza

Sonntagabend, 18.00, die unverkennbare und unvergessliche Melodie, und dann reiten vier Männer auf dich zu, kernig, strahlend und die Gewissheit verbreitend, dass alles gut wird. Doch nach 431 Folgen und 14 Staffeln werden auf der Ponderosa Ranch die Petroleum-Lampen gelöscht, abgesattelt, die Kanonen für immer stecken gelassen:

Vater Ben Cartwright alias Lorne Green starb 1987.

Sohn Adam Cartwright alias Parnell Roberts starb 2010.

Sohn Hose Cartwright alias Dan Blocker starb 1972 (weshalb die Serie 1973 eingestellt wurde).

Sohn Little Joe Cartwright alias Michael Landon starb 1991.

Berufe, die uns verlassen haben

Abtrittanbieter war ein Berufsbild, dessen Vertreter eine mobile Bedürfnisanstalt betrieben. Dieses war Ende des 18. und Anfang des 19. Jahrhunderts in einigen westeuropäischen Großstädten verbreitet. Eine weitere Bezeichnung war *Buttenmänner* und *Buttenweiber* oder *Madame Toilette*. Sie gingen, meist maskiert, mit großen Holzeimern durch die Straßen. Die Eimer waren mit Deckeln versehen und an Ketten aufgehängt, die wiederum über ein Joch verbunden waren, sodass man die Ausrüstung über der Schulter tragen konnte. Ferner hatten die Anbieter einen weiten Umhang an. Bei der Notdurftverrichtung schützten sie den Bürger mit dem Mantel oder Umhang vor neugierigen Blicken.[12]

Aschenmänner: Im Wien des 18./19. Jahrhunderts war das Heizen mit Holz gebräuchlich. Die Holzasche wurde von Aschenmännern – meist Personen aus unteren sozialen Schichten – mit einer Krücke aus dem Ofen oder dem Herd geholt und in eine hölzerne Butte gefüllt. Außerdem trugen sie eine Schürze und einen Hut mit breitem Rand. Ihr Einkommen erzielten sie durch den Verkauf der gesammelten Holzasche an Seifensieder und Leinwandbleicher und machten mit dem Ruf »An' Oschn! An' Oschn!« auf sich aufmerksam. Ferdinand Raimund setzte dem Aschenmann ein literarisches Denkmal in seinem 1826 uraufgeführten Zaubermärchen »Das Mädchen aus der Feenwelt oder Der Bauer als Millionär« und seinem »Aschenlied«.[13]

Ausrufer: Ein Gemeindediener war ein Beschäftigter einer Stadt oder Gemeinde, dessen Aufgabe die mündliche Verbreitung amtlicher Bekanntmachungen und sonstiger Angelegenheiten war. Da die Gemeindediener häufig eine Glocke mit sich führten, um auf sich aufmerksam zu machen, wurden sie in manchen Gegenden auch Ausrufer oder Ausscheller genannt. In vielen Orten gehörte auch die Überbringung von amtlichen Schreiben oder sonstigen Verwaltungsschriftstücken zu ihren Aufgaben. Als in den 1950er-Jahren in vielen Gemeinden Deutschlands die Aufgabe des Gemeindedieners durch Ortsrufanlagen und Druckschriften übernommen wurde, verschwand der Beruf und ist im Jahr 2007 weitgehend ausgestorben.[14]

Drahtzieher: Sie stellen aus Metallen wie Eisen und Kupfer Drähte und Kabel her. Die Drahtzieher bereiten hierzu das Ausgangsmaterial vor (Metallstäbe und andere Walzerzeugnisse), stellen die Ziehmaschinen ein, ziehen Drähte, schweißen und veredeln sie und kontrollieren die Fertigungsqualität. Als Ausbildungsberuf wird er in Deutschland seit dem Ausbildungsjahr 2013 durch die Fachkraft für Metalltechnik ersetzt. Der sprichwörtliche »Drahtzieher im Hintergrund« bezieht sich übrigens nicht auf den Beruf des Drahtziehers, sondern auf den des Marionettenspielers, der umgangssprachlich als Drahtzieher, Drähtezieher oder Fädenzieher bezeichnet wurde.[15]

Fischbeinreißer: Von circa 1500 bis zum Anfang des 20. Jahrhunderts war Mode ohne ein Material nicht vorstellbar: Walbarten. Diese Ressource, fälschlicherweise auch Fischbein genannt, gab Korsetten, Reifröcken, Hüten, Schuhen, Schirmen, Fächerstäben, Angeln und anderen ähnlichen Artikeln Form. Der Fischbeinreißer spaltete zuerst die Barten mit scharfen, eisernen Keilen. Mit einem schaufelähnlichen Werkzeug wurden dann Stücke abgetrennt und die Spitzen mit einem stumpfen Meißel bearbeitet. Anschließend legte man das Fischbein in Wasser, wo die Haare abgeschabt wurden. Nach erneutem Aufweichen in heißem Wasser zerlegte der Fischbeinreißer die Barten zum letzten Mal in Stäbe oder Stangen, die nochmals geglättet wurden.[16]

Laternenträger boten ihre Dienste seit dem 17. Jahrhundert in den europäischen Großstädten an. Man konnte sie wie Droschken mieten, um sich heimleuchten zu lassen.

Lichtputzer: Der Lichtputzer ist ein historischer Beruf aus der Zeit, als die Beleuchtung vorwiegend von Talg-Kerzen stammte. Er pflegte und überwachte deren Feuer. Bei heutigen Kerzen ist gewährleistet, dass der Docht vollständig abbrennt, bis ins 19. Jahrhundert hinein war dies jedoch noch nicht gegeben. Die Kerzen begannen zu rußen und zu flackern, wenn der Docht zu lang wurde, und mussten daher mindestens jede halbe Stunde »geschneuzt« werden: Mit einer speziellen Dochtschere wurde der Docht durchgeschnitten und die glühende Schnuppe entfernt. Obwohl es einige Geschicklichkeit erforderte, den Docht in der Eile nicht zu kurz zu schneuzen, was die Kerze zum Erlöschen gebracht hätte, und sie auch zugleich Brandwachen waren, gehörten die Lichtputzer zu Bediensteten untersten Ranges. Und wenn im Theater ein Lichtputzer die Bühne betreten musste, um die Kerzen des Rampenlichts zu schneuzen, gab das Anlass zu zahlreichen Scherzen, da er zu dieser Aufgabe kostümiert wurde, oft aber wenig Kunstverstand besaß.[17]

Planetenverkäufer waren Straßenhändler in Wien, die »Glücksbriefchen« aus einem Bauchladen anboten, die als »Planeten« bezeichnet wurden. Diese Briefchen enthielten zumeist mehrere Gewinnzahlen, mit denen die Käufer an einer Lotterie teilnehmen konnten. Die Besonderheit: Das Ziehen der Briefchen erfolgte durch abgerichtete Papageien oder weiße Mäuse. Planetenverkäufer waren in Wien bis zum Zweiten Weltkrieg verbreitet, danach verschwanden sie mehr und mehr aus dem Stadtbild.[18]

Salamikrämer traten im vorvorigen Jahrhundert vornehmlich in Wien mit ihrem unverwechselbaren Kaufruf: »Salamini, da bin i! – Salamoni, geh doni (zur Seite)!« zum Gaudium der Bevölkerung in Erscheinung. Die Salamucci, wie sie genannt wurden, waren meistens Lombarden, Friauler und Venetianer, die in den Straßen, Schenken und Wirtshausgärten Würste und Käse feilboten.[19]

Grünofant

Die 1970er-Jahre waren in Sachen Eis am Stiel eine Zeit der Unschuld. Heute sondieren besorgte Eltern sofort die Verpackung, ob alle Farbstoffe aus Biogemüse stammen und der Zucker auch fair gehandelt ist. Damals fragte niemand nach Inhaltsstoffen. Für Kinder mit 50 Pfennigen in der Tasche zählten zwei Dinge: Ist es süß genug? Und: Sieht es gut aus? »Gut«, das bedeutete in der Logik des kleinen Kunden: bunt!

Nicht umsonst waren die Kult-Eise dieser Zeit Dolomiti, Brauner Bär – und *Grünofant*. Brauner Bär punktete mit einem betäubend süßen Karamellkern, Dolomiti mit drei grellen Farben in einem einzigen Eis. Beide wurden schon einmal wieder aufgelegt. Nur Grünofant verschwand sang- und klanglos. Dabei war das Eis die Erfüllung aller Kinderträume: etwas Grünes, das zwar die Farbe von Gemüse hatte, aber kein bisschen gesund war. Dies wurde der knallgrünen Waldmeisterkreation letztlich zum Verhängnis. 1978 wurde es wegen der gesundheitsschädlichen Aromastoffe plötzlich vom Markt genommen – und ward nie mehr gesehen.[20]

Siegfried Schneebeli, ehem. Tierarzt

»Und dann hatte ich noch einmal Glück«

Mit 71 habe ich meine Tierarztpraxis geschlossen, ich hatte nicht mehr die physische Kraft, und zudem hat sich der Beruf massiv verändert. Den Wandel der Landwirtschaft habe ich in allen Facetten erlebt und mitgemacht. Als ich angefangen habe zu praktizieren, und in den Assistenzjahren vorher, gab es in der Landwirtschaft noch viel Handarbeit. Es gab noch keine Melkmaschinen auf allen Höfen, auch keine Dreschmaschinen oder Sechsfach-Pflüge – man hat noch mit Pferden den Acker bestellt. Bevor ich meine Praxis hier in Meilen eröffnet habe, war ich bei verschiedenen Tierärzten als Assistent und neun Jahre im Appenzellerland. Dort hatte jeder seinen eigenen Hof, sein eigenes Reich, sie waren dort ihre eigenen Herren, hatten ihr Vieh, ihren Umschwung, richtige Charakterköpfe.

Angefangen habe ich mit der Praxis zuerst weiter unten in unserem Dorf. Operationen habe ich auch bei den Bauern auf dem Hof durchgeführt; dabei haben mir die Bauersfrauen oder meine Frau geholfen. Doch wenn es eine komplizierte Sache war, wenn ein Kaiserschnitt anstand, habe ich den Fall nach Zürich in die Tierklinik geschickt und dort dem Chirurgen assistiert.

Meine Frau war großartig – das hat im Leben wie beim Operieren wunderbar gepasst. Sie war aber auch froh, als ich mit 71 Jahren aufgehört habe. Meine Kräfte haben stark nachgelassen, und es wurde immer schwieriger für mich.

*

Meinem Vater ist es gut gegangen, und er konnte sich eine Ferienwohnung für die Familie leisten. Er hat sie für das ganze Jahr gemietet, im Bernbiet. Nebenan gab es einen Bauernhof, und das war für mich das Paradies. Das ist es auch heute noch. Wegen diesen Erlebnissen auf dem Hof wollte ich Bauer werden.

Als ich in die Mittelschule kam, ging gerade der Krieg los, die Generalmobilmachung war ein einschneidendes Erlebnis. Viele Bauern mussten einrücken und Militärdienst leisten. Wir Schüler wurden angewiesen, den Bauern zu helfen. Ich kam auf einen Bauernhof, und es hat mir extrem gut gefallen. Dennoch musste ich einsehen, dass es für einen Hof Geld braucht und man Erfahrungen mitbringen muss, denn viele Sachen kann man nicht lernen, die muss man erleben, und das hatte ich nicht.

Mit den Tieren, vor allem mit den Pferden, fühlte ich mich sicher, und so war schnell klar, dass ich Tierarzt werden wollte. Ich habe in Zürich studiert, ich konnte zu Hause wohnen. Mich hat vieles interessiert, schon in der Mittelschule war ich bei den Pfadfindern, an der Universität habe ich mich auch für viele Fächer interessiert.

*

Ich war sehr gern Tierarzt, ich habe das sehr gern gemacht. Und die Bauern, die Natur, das Draußensein, die Handarbeit, all das war schon mit einer gewissen Romantik verbunden, doch das verschwand mehr und mehr. Ich wusste schon sehr früh, dass ich keinen Bürojob machen würde – Rechtsanwalt oder Theologe, so was war nichts für mich.

Ich hatte es gut im Leben, und ich hatte großes Glück mit einer wunderbaren Frau.

Hunde-Nahrungsergänzung
Bio-Bachblüten, »Verlassen«, 20 ml
Nahrungsergänzung für
Hunde & Katzen
Natürliches Ergänzungsfuttermittel für Hunde, Katzen und Pferde mit biozertifizierten Zutaten. Schonend verarbeitete Bachblüten ohne Alkohol und ohne Zucker – mit nativem Bio-Nachtkerzenöl als Grundlage. Mit Tierheilpraktikern, Tierärzten und Tierbesitzern entwickelt. Verträglich bei: Dinge zerstören, bellen, wimmern, will nicht allein sein.
Hunde, die nicht alleine sein wollen, zeigen ihre Unruhe durch Wimmern, Bellen, Fiepsen oder die Zerstörung von Gegenständen. Dieser Situation können Sie durch die Verabreichung von Bachblüten »Verlassen« für Hunde vorbeugen oder entgegenwirken.[21]

Wenn man ein so reiches, langes Leben hatte, wird man dankbar, auch wenn es dabei Abschiede gibt. Man wird sogar sehr dankbar für das, was man hatte. Im Sinne von: Nicht traurig, dass es vorbei ist, dankbar, dass es überhaupt war. Anderen, die hadern, die wütend sind, die zornig sind, denen kann man nichts raten, weil es nutzlos wäre. Ich kann das, was mir begegnet und auf mich zukommt, akzeptieren – das ist es vielleicht: Dass man lernt, Dinge zu akzeptieren.

Wenn ich mich verlassen fühlte, war die Musik für mich ein großer Trost, klassische und zum Teil auch Volksmusik. Ich habe Geige im Amateurorchester in Meilen gespielt, alles bis zur Romantik. Als ich mit den Händen nicht mehr mithalten konnte, weil die Beweglichkeit der Finger mit 80 stark nachließ, habe ich damit aufgehört. Auch neue Noten konnte ich mir nicht mehr merken, da habe ich realisiert, das wird nichts mehr.

Wenn ich zurückblicke und wenn etwas in meinem Leben nicht so gut gelaufen ist, oder vor allem in meiner Entwicklung nicht so gut gelaufen ist, dann ist es meistens trotzdem glücklich ausgegangen.

FUNDSTÜCK 7

Philemon und Baucis
Der Dichter Ovid beschreibt in »Metamorphosen« den Besuch des Göttervaters Jupiter (Zeus) und seines Sohnes Merkur (Hermes) in einer Stadt in Phrygien. Die Einwohner gewähren den beiden Wanderern jedoch keinen Einlass. Allein Philemon und seine Frau Baucis, ein altes Ehepaar, das in einer ärmlichen Hütte am Stadtrand lebt, nehmen die beiden auf und bewirten sie mit allem, was sie haben. Daran, dass sich der Weinkrug wundersamerweise immer wieder von allein füllt, erkennen sie ihre Gäste als Götter, denen sie nun auch noch ihre einzige Gans opfern wollen. Das verwehren ihnen die Himmlischen jedoch und fordern sie auf, ihnen zu folgen, um der Strafe für die ungastliche Stadt zu entgehen. Von der Höhe sehen Philemon und Baucis erschüttert, dass die Stadt in einem Sumpf versunken ist. Nur ihr Häuschen ist geblieben, das sich nun in einen Tempel von Gold und Marmor verwandelt. Von Zeus aufgefordert, ihre Wünsche zu nennen, bitten sie darum, als Priester ihr Leben lang den Tempel hüten zu dürfen und zur selben Stunde zu sterben, sodass keiner von ihnen des anderen Grab schauen müsse. So geschieht es. Sie dienen im Tempel, bis sie eines Tages, vom Alter gebeugt auf den Tempelstufen miteinander redend, in eine Eiche bzw. eine Linde verwandelt werden.[22]

Ich war zum Beispiel kein guter Schüler und musste eine Klasse wiederholen. Ohne das wäre mein Leben ganz anders verlaufen, und ich wäre meiner Frau nie begegnet. Wir haben uns im Zug getroffen, ich arbeitete zu dieser Zeit in Trogen und war über das Wochenende in Zürich. Meine Frau nahm an einer Familienfeier in Thun teil und war auf dem Rückweg nach Trogen, wo sie arbeitete. Wir sind beide in den gleichen Wagen eingestiegen. Wir waren 47 Jahre verheiratet, meine Frau ist vor 18 Jahren gestorben.

Und dann hatte ich noch einmal Glück. Kurz nach dem Tod meiner Frau traf ich einen Schulschatz aus der Primarschule wieder. Wir hatten früher schon die gleichen Interessen, und das war immer noch so. Da hat es wieder Klick gemacht zwischen uns; sie war Krankenschwester, hat später eine Tagesklinik geführt, hatte fünf Kinder. Leider ist sie fünf Jahre später gestorben. Sie waren ganz unterschiedlich, aber sie hätten sich verstanden.

*

Wichtig ist mir, dass man gut ist miteinander. Wenn ich für den anderen auf einiges verzichten kann, oder auf vieles verzichten kann, und er für mich. Dass man einander hilft und schaut, was sind die Bedürfnisse und Wünsche des anderen und umgekehrt. Meine Mutter hat immer gesagt: Dienet einander. Und das hat mich sehr geprägt.

Ich war zufrieden, und ich lag nie so daneben, dass ich heute denke, ich hätte andere Entscheidungen treffen sollen. Was ich an mir nicht gut finde: Ich bin jemand, der vieles nicht ganz fertig macht. Das kann im Kleinen, im Alltag sein, aber auch im Großen. Etwas fertig zu machen bis zum Ende, das fällt mir schwer.

Biografie | **Dr. Siegfried Schneebeli, geboren 1926, war von 1960 bis 1997 Tierarzt in der Zürcher Gemeinde Meilen. Mit seiner 2004 verstorbenen Frau Marian Schneebeli hat er fünf Kinder. Er lebt nach wie vor allein in seinem Haus und ist leidenschaftlicher Fußballfan.**

Milena Raoult,
Hebamme

»Und plötzlich war der Kopf des Kindes draußen«

Wie bist du zu dem Beruf gekommen?

Offenbar wollte ich schon als Kind Hebamme werden, Babys haben mich schon immer enorm fasziniert, auch die Themen Schwangerschaft und Geburt. Eine Zeit lang verschwand das Interesse, ich wollte eher Medizin studieren, doch nach einem Praktikum im Spital war klar, dass das doch nicht für mich passt. Dann habe ich Menschen in meinem Umfeld gefragt: Wo seht ihr mich, denn ich war voll verloren. Und es kam sehr oft Hebamme. In alten Freundschaftsbüchern habe ich entdeckt, dass ich das schon als Kind geschrieben habe. Daraufhin habe ich ein Praktikum in einem Gebärsaal gemacht, die Aufnahmeprüfung für die Ausbildung bestanden und angefangen.

Gab es ein Aha-Erlebnis im Gebärsaal?

Die Ausbildung beginnt mit einem Jahr Theorie und erst danach habe ich als Hebamme gearbeitet. Dort hat es mit dem Aha-Erlebnis begonnen.

Kannst du einen typischen Ablauf schildern?

Bei Schichtbeginn heißt es zum Beispiel: Eine Frau hat angerufen, sie ist Zweitgebärende und auf dem Weg zu uns. Mehr weiß ich nicht, wenn ich sie an der Tür in Empfang nehme, während eine Kollegin den Gebärsaal vorbereitet. Wenn sie eingetroffen ist und sagt, ich habe starke Wehen, muss ich rausfinden, was unter stark zu verstehen ist. Sobald das klar ist, wickeln wir das Administrative ab, ich nehme ihr Blut ab, lege einen venösen Zugang für allfällige Flüssigkeits- oder Medikamentenzufuhr, und zugleich versuche ich herauszufinden, wie viel Zeit noch bleibt bis zur Geburtsphase. Wichtig ist, welche Wünsche sie hat, ob sie eine PDA möchte – das ist eine Rückenmarksnarkose – und wie sie zum ganzen Vorgang steht. Dann informiere ich den/die diensthabende/n Gynäkolog:in.

Wie machst du das mit einer Frau,
deren Sprache du nicht sprichst?

Dann versuche ich es mit Händen und Füßen. Oft werden sie ja begleitet, und ich versuche herauszufinden, ob sich die Begleitperson als Übersetzer:in eignet. Geht das nicht oder die Person übersetzt falsch, dann muss ich quasi die Geburt »vorspielen«, damit sie versteht, was ich meine. Während der Geburt ist es eigentlich unwichtig, ob die Frau unsere Sprache spricht oder nicht. Schwieriger ist es, wenn eine Frau kommt, die geflüchtet ist, die Schmerzen hat, und wir verstehen sie nicht. Dann wollen wir lieber nicht mit einer Begleitperson arbeiten, denn wir kennen die Beziehung nicht und wissen nicht, ob die wirklich wahrheitsgetreu übersetzt, was die beiden für ein Verhältnis haben. Deshalb organisieren wir dann lieber eine professionelle Übersetzerin – am liebsten Frauen aus dem gleichen Kulturraum, weil zum Beispiel nicht selten Frauen aus Eritrea eine Genitalverstümmelung erlitten haben. Diese Dienste sind allerdings sehr teuer, sie können bis zu CHF 100 pro Stunde kosten, und deshalb ist das Angebot sehr beschränkt.

Welches Buch sollte ich lesen, wenn ich traurig bin?
»Sie sind so jung, so vor allem Anfang, und ich möchte Sie, so gut ich es kann, bitten, lieber Herr, Geduld zu haben gegen alles Ungelöste in Ihrem Herzen und zu versuchen, *die Fragen selbst liebzuhaben* wie verschlossene Stuben und wie Bücher, die in einer sehr fremden Sprache geschrieben sind. Forschen Sie jetzt nicht nach den Antworten, die Ihnen nicht gegeben werden können, weil Sie sie nicht leben könnten. Und es handelt sich darum, alles zu leben. *Leben Sie jetzt die Fragen.* Vielleicht leben Sie dann allmählich, ohne es zu merken, eines fernen Tages in die Antwort hinein.« – *Rainer Maria Rilke, »Briefe an einen jungen Dichter«*[23]

Hast du manchmal Angst vor der Rolle?

Vielleicht, weil ich realisiert habe, dass es unfassbar schwer ist, eine Frau zu betreuen, wenn sie in der Eröffnungsphase ist, also die Zeit von den ersten Wehen, die im Abstand von bis zu 20 Minuten auftreten, bis zu dem Moment, in dem der Muttermund vollständig geöffnet ist. Vom Temperament her bin ich sehr aktiv, und in diesem Beruf muss man nicht immer aktiv sein. Im Kopf schon, aber es geht mehr darum, bei der Frau zu sein und eine gute Atmosphäre zu schaffen und vor allem zu warten. Und ich habe gemerkt, dass ich es wahnsinnig schwer finde, auch alle ihre Bedürfnisse zu erkennen und einen Plan zu haben. Sobald eine Frau in den Gebärsaal kommt, muss ich die Verantwortung für das Geschehen übernehmen – das kann schon Angst machen.

Gilt es für alle Frauen, dass du die Verantwortung übernehmen musst?

Es geht zunächst um die Einschätzung, an welchem Punkt im Gebärprozess sich die Frau befindet. Welche Ressourcen hat sie, was sind ihre Wünsche. Wir kennen uns ja nicht, und ich muss sie dann ganz schnell erfassen. In meiner 8-Stunden-Schicht muss ich einen Weg finden, wie wir das Ganze gemeinsam bewältigen können.

Wenn du weißt, dass es noch eine Weile dauert, was tust du dann mit ihr?

Ich versuche zu erkennen, was sie braucht. Wenn ich zum Beispiel merke, eine Frau ist ganz bei sich, kann gut atmen, bewegt sich frei, hat eine ihr guttuende Begleitperson, dann muss ich nicht die ganze Zeit danebenstehen. Am Anfang hatte ich immer den Impuls, etwas machen zu wollen, ich musste erst lernen, diese Frauen in Ruhe zu lassen. Ich bleibe in der Nähe, sie kann sich jederzeit melden. Falls ich jedoch realisiere, dass eine Frau Angst hat oder mich braucht, bleibe ich bei ihr, massiere ihr den Rücken, unterstütze sie beim Atmen durch Mitatmen.

Da entsteht ganz schnell eine hohe Intimität. Wie nahe kommt man sich wirklich?

Physisch komme ich ihr sehr nahe, auf emotionaler Ebene kommt es ganz auf die Person an. Es gibt Frauen, da spüre ich, wir kommen uns gerade sehr nahe, und andere, bei denen sofort klar war, wir haben keine tiefe Verbindung.

Bleibst du nachher mit ihnen in Verbindung?

Eigentlich nicht, bisher ist es erst ein einziges Mal vorgekommen, dass mich eine Frau außerhalb des Spitals angesprochen hat, und dann haben wir einen Kaffee zusammen getrunken.

Passiert viel in den ersten Stunden?

Es kann viel, es kann aber auch nichts passieren.

Was bedeutet es, wenn viel passiert?

Es kann sich alles extrem schnell ändern, zum Beispiel dass die Frau atmet und plötzlich sagt, sie muss drücken, und dann verändert sich die ganze Atmosphäre. Es kann aber auch sein, dass z. B. die kindlichen Herztöne auf einmal nicht mehr gut sind, und dann ändert sich auch alles. Oder dass die Wehen intensiver werden und die Frau damit nicht mehr klarkommt, das kann sehr schnell anders verlaufen. Mich hat mal jemand gefragt, ob ich auch in diesen Flow reingehe, wenn eine Frau in diesem Zustand ist – fast eine Art Trance. Ich persönlich hatte das noch nie, für mich geht das auch gar nicht, weil ich an so viele Sachen denken muss. Es gibt so viele Leitlinien, die festlegen, wann was geprüft werden muss.

Wie viele Personen kümmern sich um eine Frau?

Meistens eine Hebamme und eine Gynäkologin. Es kann aber auch sein, dass man mehrere Frauen gleichzeitig betreuen muss. Zur Geburt kommt jeweils ein Arzt oder eine Ärztin dazu, und im schlimmsten Fall muss man Unterstützung von jemandem auf Pikett holen. Aber es kann durchaus vorkommen, dass alles blitzschnell geschieht – mir ist es bisher einmal passiert, dass der Kopf des Kindes plötzlich draußen war. Dann darf man nicht in Panik geraten und holt das Kind auf die Welt.

Gibt es eine Art Rhythmus, wo du spürst,
jetzt rückt die Geburt näher?

Ich merke es der Frau an – wie sie atmet, was sie spürt, wie oft die Wehen kommen –, das spüre ich, wenn ich ihr die Hand auf den Bauch lege und sie zudem beobachte. Und natürlich anhand der vaginalen Untersuchung, dabei geht es darum herauszufinden, wie weit der Muttermund geöffnet ist.

Wirst du nervös oder eher ruhiger, wenn es dann so weit ist?

Wenn es dem Kind gutgeht, und es rückt näher an die Geburt heran, freue ich mich, dass wir es bis hierhin geschafft haben. Ich finde es viel beunruhigender, wenn ich merke, es passiert nichts, es gib keinen Fortschritt – dann spekuliert man in Richtung Kaiserschnitt, oder es zeigt sich, dass das Kind im Becken fehleingestellt ist, wir werden es wahrscheinlich so nicht schaffen. Oder das Kind hat Mühe, und jetzt muss man entscheiden. Aber wenn es zur Geburt kommt, dann freue ich mich einfach.

Du hast sicher auch ein Gefühl für das Kind. Wenn nun eine solche Situation eintritt – es passiert nichts –, was kannst du dann tun, wie helfen?
Wenn ich merke, dass es dem Kind gutgeht oder wenn es ihm nicht mehr gutgeht, dann rufe ich eine zweite Hebamme oder einen Arzt, eine Ärztin, versuche zugleich, mit meinen Möglichkeiten zu helfen – zum Beispiel mit einem Lagerungswechsel, oder ich motiviere die Mutter, sich zu bewegen, wenn klar ist, dass sich das Köpfchen besser einstellen muss.

Den sichersten Ort der Welt verlassen – was macht das mit dir, dass du dabei hilfst? Gefühle?
Das ist ein unglaublich spezielles Gefühl. Das Erste, was mir jeweils durch den Kopf geht: »Das ist so ein großes Kind.« Wenn ich den Bauch anschaue – der recht umfangreich ist –, frage ich mich dennoch: Wie kann das sein? Und ich finde noch etwas anderes sehr besonders, nämlich die Gebärmutter. Die ist dort oben, und innerhalb kürzester Zeit unterhalb des Nabels.

Ich kann nicht sagen, es ist das Schönste auf der Welt – es ist mein Beruf, und ich empfinde es als wahnsinnig emotional, aber ich habe selbst noch kein Kind geboren und weiß nicht, wie sich das anfühlt.

Fragst du dich manchmal, was wohl aus diesen Babys wird?
Manchmal frage ich mich das tatsächlich, vor allem, wenn ich eine emotionale Bindung aufgebaut habe – das geschieht eher, wenn ich auf der Wöchnerinnenabteilung oder der Neonatologie arbeite und die Kinder im Arm halte. Dann geschieht es, dass ich mich frage, was wird wohl aus dir, wie wirst du aussehen, ich finde es schade, dass du jetzt gehst.

Früher gab es ja noch Dorfhebammen, die haben alle Kinder einer Familie auf die Welt geholt. Die gehörten dazu wie der Hausarzt, der wirklich nach Hause kam. Vielleicht gibt es das ja noch in einzelnen Regionen ohne Spitäler. Könntest du dir vorstellen, Hausgeburten zu begleiten?

Das kann ich jetzt noch nicht sagen, ich habe noch nie eine erlebt, auf alle Fälle traue ich mir das jetzt noch nicht zu. Sobald ich das Gefühl habe, ich bin eine gute Hebamme, ich erkenne alle Situationen, dann kann ich mir das durchaus vorstellen.

Biografie | Milena Raoult, 25, stand in der Zeit des Gesprächs kurz vor dem Abschluss ihres Hebammenstudiums. Sie lebt in einer Wohngemeinschaft in Zürich und ermöglicht sich das Studium mit der Arbeit in einem Restaurant. Sie hat zwei jüngere Brüder und engagiert sich in ihrer Bachelorarbeit für Frauen mit genitaler Verstümmelung/Beschneidung. Inzwischen arbeitet sie als frisch diplomierte Hebamme in einem Gebärsaal.

FUNDSTÜCK 9

Hochzeitsstars und Trennungsweltmeister

Hollywoods Traumpaar der 1960er- und 1970er-Jahre, Elizabeth Taylor und Richard Burton, heiratete gleich zweimal, womit die Schauspielerin insgesamt acht Ehen schloss.[24] Auf gleich viele Hochzeiten kamen die Leinwandgrößen Lana Turner, Mickey Rooney, Zsa Zsa Gabor und Georgia Holt.[25]

Gib mir ein Zeichen, dass du mich noch liebst!

Charles Linsmayer
outet sich als Postkartenpoet

Pfullendorf, Pfingstsonntag 1904

Clothilde, Geliebte,
Du schreibst mir nicht mehr, und neulich, als ich Dich von Weitem auf der Straße sah, warst Du so in ein Geplauder mit Deiner Freundin Agnes vertieft, dass Du mich scheinbar gar nicht gesehen hast. Gilt er denn nichts mehr, der Liebesschwur, den wir beim Spaziergang am Donaustrand, auf jener Bank unter den Bäumen, geschworen haben? Haben Deine Küsse keine Bedeutung mehr und die Umarmungen auf dem Karussell an der Kirchweih? Ist es wahr, dass Du mich verlassen willst? Dass Du mich nicht mehr liebst und Deiner Wege gehen willst? Auch heut', an Pfingsten, als ich Dich zu einem Spaziergang abholen wollte, sagte Deine Mutter, sie wisse nicht, wo Du seist, am Morgen früh schon hättest Du Deinen Rucksack ge-

packt und wärst weggegangen! Dabei haben wir doch »Mondnacht« von Eichendorff zusammen auswendig gelernt, weißt Du noch: »Und meine Seele spannte weit ihre Flügel aus ...« Wenn Du mich wirklich verlassen willst, so sag es mir! Es ist mir unerträglich, diese Sehnsucht nach Dir zu spüren und einer solchen Kälte zu begegnen! Es hätte so schön werden können mit uns, sodass ich gar nicht daran denken mag, ohne Dich weiterzuleben. Gib mir ein Zeichen, dass Du mich noch liebst, und wären es nur zwei, drei Worte auf einem Blatt Papier!
Dein verliebter und verlassener Philibert.

Nördlingen, 3. Oktober 1905

Ehemals geliebter Theodor,
ich verlasse Dich! Ich wollte es zuerst nicht glauben, die Geschichte mit Klaudia, die mir Sophie zugetragen hat. Aber nun habe ich es selbst gesehen. Gestern, in dem Park gegenüber dem Schulhaus. Nun weiß ich, muss ich Dich verlassen. Ich weiß, Du liest keine Bücher, obwohl sie mir alles sind. Und gerade rechtzeitig habe ich nun auch »Werther« von Goethe gelesen, Sophie hat mir das Buch ausgeliehen. Da ist es zwar die Frau, die dem Geliebten untreu wird, aber egal. Jedenfalls kann dieser Werther es nicht ertragen, dass ein anderer die geliebte Lotte anfasst. Das Buch hat mich tief berührt wie kein anderes bisher. Und dieser Werther ist mein Idol geworden, ich hätte ihm die Treue nicht gebrochen, ich nicht. Als ich Euch im Park gesehen habe, wusste ich auch, dass mich noch etwas Weiteres mit diesem Werther verbinden wird. Schau Dir das Bild auf der Vorderseite dieser Karte an! Das könnte ich sein, dieses Mädchen am Grab der Eltern, das sich danach sehnt, die toten Eltern wiederzusehen. Werther hat es nicht ertragen, dass seine Lotte einen anderen liebte, und ich ertrage es nicht, dass Du diese Klaudia in Deine Arme nimmst und küsst! Ja, ich habe es

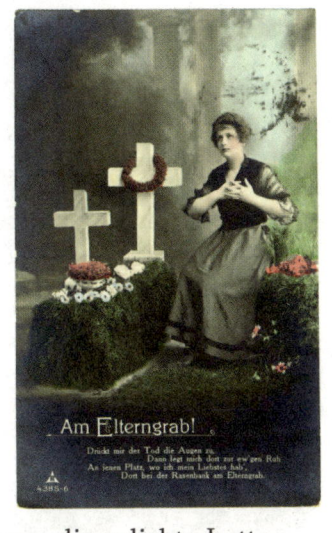

selbst gesehen, Du kannst Dich da nicht rausreden. Ich gehe nun weg, ich verlasse Dich, und da, wo ich hingehe, wirst Du mich nicht finden. Schäm' Dich, unserer Liebe ein solches Ende bereitet zu haben.
Margarethe.

Böblingen, 2. Mai 1908

Geliebte Amalie, Herzenskind,
nun sind schon sechs Monate vergangen, seit Du mich verlassen hast, und es vergeht kein Tag, an dem ich nicht in Liebe und Sehnsucht an Dich denke. Glaub mir, es war nicht so, wie es für Dich ausgesehen hat, als Du plötzlich und ohne Anklopfen in dem Zimmer standst und mich mit dem Mädel überrascht hast. Wärst Du nicht schreiend davongelaufen, ich hätte Dir alles erklären können! Ich hatte das Zimmer im »Ochsen« genommen, um einen Raum für die Besprechungen mit der Kundschaft zu haben. Und weil der Wirt mir keine Stühle geben wollte, mussten wir aufs Bett sitzen, was immer noch besser war, als in der verrauchten Wirtsstube mit jemandem zu verhandeln und die Ware auf die speckigen Tische zu legen. Und die Emmy, mit der Du mich angetroffen hast, wo Du ja eigentlich in Stuttgart hättest sein müssen, ist im Goldenen Kreuz die rechte Hand der Wirtin und wollte meine Kollektion anschauen und das eine oder andere Stück ausprobieren. Wenn Du eine Bluse auszieht, um eine andere zu probieren, stehst Du auch ohne Bluse da, und in diesem Moment bist Du halt hereingestürmt und hast mir den Handel gründlich versaut! So und nicht anders ist's gewesen, und was auf dieser Karte steht, kann ich bei allen Heiligen beschwören: Ich bleib Dir treu! Bitte, teure Amalie, lass mich auch Dich wieder, wie der fesche Herr auf dem Bild, in seligem Entzücken an mich drücken und verzeih mir den

Vorfall, der, Gott sei mein Zeuge, nicht das war, was Du gesehen hast.
In Liebe und Sehnsucht:
Dein Gustav.

Bad Wörishofen, 2. März 1909

Liebe Hermine,
die Karte, die ich Dir schicke, ist aus dem Herzen gesprochen und gibt exakt meinen Zustand wieder. Seit mein innigst geliebter Franzl nach Amerika ausgewandert ist, geh ich vor Einsamkeit und Verlassenheit fast zugrunde. Die Schröders sind ja nett zu mir, er und sie, und das Arbeiten fällt mir leicht, auch wenn das Höflichsein und Knicksen mir ab und zu etwas schwer fällt. Schlimm ist es, wenn ich mich abends in meine Mansarde zurückziehe. Da fällt die Verlassenheit wie ein kalter Regenschauer über mich her. Wie es Franzl ennet dem Ozean wohl gehen mag, frage ich mich quälend und immer von Neuem, und den einzigen nichtssagenden Brief, den er mir aus einer Stadt namens Chicago geschrieben hat, drehe ich immer wieder um und um und versuche irgendetwas von Franzl daraus zu spüren. Wenn ich an seine Küsse denke und die lieben Worte, die er mir jeweils sagte, Schatzerl und Bubikätzchen und so, kommen mir gleich die Tränen und finde ich auch bei den Büchern keinen Trost, die Frau Schöder mir zum Lesen gab: »Aus eigener Kraft« und »Am Kreuz« von der Wilhelmine von Hillern, die ich doch sonst so gerne lese, oder »Bergluft« von Ludwig Ganghofer. Wenn ich da traurige Sachen lese, muss ich nur noch mehr weinen, und Liebesgeschichten machen mich ganz sehnsüchtig nach meinem Franzl, der in Amerika sicher längst eine neue Liebe gefunden hat und mich hier in meiner Einsamkeit zugrunde gehen lässt. Was soll ich bloß tun, liebe Hermine, liebe Freundin, hast Du vielleicht einen Trost für mich?
Deine einsame Blandine

San Juan Bautista, 4. Januar 1915

Liebe Bertha,
die Karte hat mir Lüdecke, unser Kapitän, gegeben, und ich weiß nicht, ob sie Dich je erreicht. Unser stolzes Schiff, die Dresden, liegt auf dem Grund des Meeres, wir haben sie selbst versenkt. Nachdem wir dank unseren schnellen Turbinen der fürchterlichen Schlacht bei den Falkland-Inseln entkommen sind, sind wir vor dieser Insel, wo einst der gute Robinson sich aufgehalten hat, vor Anker gegangen, bis zwei britische Kreuzer uns entdeckten und – in neutralen Gewässern! – beschossen. An Ausbruch war nicht zu denken, die Maschinen streikten, und Kohle hatten wir auch fast keine mehr, und so haben wir das Schiff selbst versenkt. Nun sind wir hier, in Chile, an Land, und Du glaubst nicht, was wir hier tun: wir haben eine Hühnerfarm eröffnet, verkaufen auf dem Markt von San Juan Bautista Hühner und Eier und kommen so schlecht und recht über die Runde. Canaris und ein paar andere mögen keine Hühner und sind abgehauen. Sie wollen nach Deutschland zurückkehren, ich aber warte hier, bis der Krieg zu Ende ist. Du weißt, ich hab' Dich nicht verlassen, weil ich Dich nicht mehr liebe, ganz im Gegenteil! Die Erinnerung an Dich und die beiden Kinder, Sepp wird nun ja schon vier, die kleine Greta zwei Jahre alt, gibt mir Mut und Kraft, durchzuhalten. Und während ich Hühnerställe baue und mit meinen Kameraden irgendwie die Zeit totschlage, freue ich mich auf den Tag, an dem ich Dich wieder in meine Arme schließen kann. Bleib gesund! In Liebe:
Dein Heinrich.

Metzingen, 5. Dezember 1916

Im Traum bin ich bei Dir, liebster Gustav, wenn Du, weit weg in Frankreich, für unser Vaterland kämpfst! Und ich stell' mir vor, wie Du

tagsüber auf deinem Pferd gegen den Feind stürmst und totschießt, was Dir in den Weg kommt, abends aber, so hoffe ich ganz fest, ein warmes Stübchen hast und auch genügend isst und trinkst. Wir können uns hier, im friedlichen Schwabenland, gar nicht so richtig vorstellen, wie das ist, ein Krieg. Es heißt, der Sieg sei nahe und bald würde es in Berlin, aber auch im Stuttgart eine Siegesparade geben, bei der die Helden gefeiert werden. Aber ich glaub' das nicht so recht. Der Franzl Wurmgruber hat, als er zurückkam, nur noch ein Bein gehabt. Wenn Du nur zurückkommst, zu siegen brauchst Du nicht, und auch mit einem Bein würde ich Dich noch lieben wie zuvor! Wenn ich aus dem Traum erwache, spüre ich ganz fest die Verlassenheit! So allein sein ist nicht leicht, und die kleine Gretl kann auch nicht aufwiegen, was Du für mich warst. Wie auf dem Bild, das ich Dir schicke, betet sie jeden Abend, auch wenn sie nicht so ein hübsches Körbchen am Rücken trägt wie das Mädchen auf dem Bild, dass es Dir gut geht, dass der Krieg endlich aufhört und dass Du bald zu uns zurückkehrst. Dann werden wir aus Verlassenen wieder glückliche Menschen und backen für Dich Kuchen und bereiten Glühwein zu, um Dich zu feiern!
Deine Dich liebende Elfriede nebst Gretl, Deinem Kind

Lauterbach, 19. Juni 1920

Lieber Bonifaz,
Seit vielen Tagen schon geh ich jeden Tag zum Briefkasten und hoffe, einen Brief von Dir vorzufinden. Die Briefe in den grauen Umschlägen ohne Absender muss ich immer schon behändigen, bevor Mutter den Briefkasten leert. Bis jetzt hat niemand es gesehen. Nun aber, so ganz ohne Nachricht von Dir, gerate ich in eine große, tiefe Verlassenheit hinein und weiß nichts Rechtes mehr mit mir anzufangen.

Und vor lauter Unruhe hab' ich mir beim Bohnenrüsten sogar in den Finger geschnitten und alles mit Blut besudelt. Ob vielleicht doch einer meiner Briefe in falsche Hände geraten ist und Du mir nicht mehr schreiben darfst? Dabei hab' ich doch meine Briefe an Dich immer an diesen Kaplan von der Wallfahrtskirche geschickt, bei dem Du sie abholen kannst. Ist das Kloster vielleicht doch auf unseren Briefwechsel gestoßen, hat der Abt Dich vielleicht sogar in den Karzer gesteckt? Ich weiß, was für eine Schandtat es ist, einen Mönch zu lieben, meine Eltern würden mich fortjagen, wenn Sie es erführen, und ich bewahre Deine Briefe, diesen kostbaren Schatz, ja auch an einem geheimen Ort auf, den ich hier nicht nennen will, denn geriete dieser Brief in ihre Hände, flöge alles auf. So schwierig das alles ist: Ich bin Dir treu, lieber Bonifaz, und würde lieber sterben, als Dich und unsere Liebe zu verraten. Es ist jedoch schwer, diese Verlassenheit, die ja eigentlich keine ist, weil ich sie will, zu ertragen, aber ich glaube fest daran, was Du gesagt hast: dass wir im Himmel ein glückliches Paar sein werden und für die Entbehrungen auf dieser Erde eine fürstliche Belohnung bekommen. Das dauert nur aber noch so unendlich lang, denn mit 23 Jahren werde ich ja wohl noch lange nicht sterben, und deshalb plange ich auf nichts so sehr wie auf einen weiteren Brief von Dir mit lieben Worten.
In Liebe und Sehnsucht: Deine Amalia.

Hechingen, 18. September 1923

Lieber Franz,
hab mich an meinen Lieblingsplatz, oben am Waldrand, zurückgezogen. Die Birken tragen schon ihr Herbstlaub, fast wie auf diesem Bild, und herbstlich ist es auch in meiner Seele. Die Situation im Betrieb, in der Familie, ja auch in der Gemeinde, ist für mich so unhaltbar ge-

worden, dass ich mit allem brechen und mich auf mich selbst zurückziehen musste. Ich hab' alles verlassen, was mir so lange so lieb und teuer war, und ich weiß eigentlich so wenig, warum ich das tun musste, wie die Mitmenschen, die meinem Weggang fassungslos gegenüberstehen. Ich wusste einfach: jetzt oder nie! Wenn ich es jetzt nicht schaffe, aus all den Pflichten, Lasten, Verstrickungen und Abhängigkeiten loszukommen, so werde ich es nicht mehr können. Ich bin jetzt vierundvierzig, zu alt eigentlich, um ganz von vorne anzufangen, aber noch jung genug, um einen Ort, eine Aufgabe, mir gut gesonnene Menschen zu finden, wo ich mich frei fühlen kann. Das, was ich verlassen habe, hätte mich vorschnell altern lassen, hätte mich schon bald zu einem der vielen werden lassen, die einfach so dahinleben und in denen am Ende all das abgestorben ist, für was es sich zu leben lohnt. Du wirst das verstehen, bleib mir gut!
Dein Wilhelm.

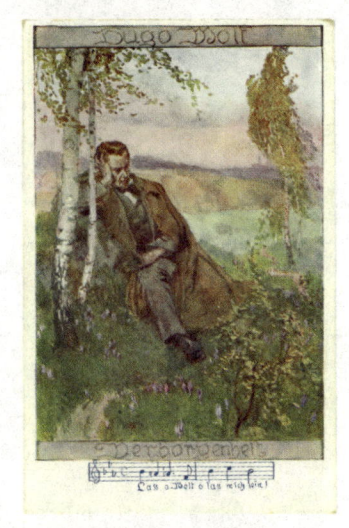

Es handelt sich bei den Texten um fiktive Geschichten von Charles Linsmayer, inspiriert durch die Motive auf den Postkarten.

Biografie | **Dr. Charles Linsmayer, Nachfahre einer Urner Bergbauerntochter und einer Wiener Konzertmeistergattin, arbeitet als Journalist und angewandter Literaturhistoriker in Zürich, hat in 128 Fällen Schweizer Bücher kommentiert neu herausgebracht und macht sich ein Vergnügen daraus, im Zeichen zunehmender Papierknappheit mit 2000 Zeichen darzustellen, wofür andere 500 Seiten brauchen.**

Samira Zingaro,
Journalistin
und Autorin

»Die Warum-Frage führt zu nichts«

Was bedeutet der Begriff »verlassen« für dich? Und: Gibt es einen Unterschied für dich, seitdem deine Schwester gestorben ist?
  Für mich ist Verlassenwerden, als würde einem das Heft aus der Hand genommen. Es ist die Erkenntnis, dass man nie ganz in sein Gegenüber schauen kann und jeder Mensch für sich fühlt, denkt und handelt. Seit meine Schwester 2008 gestorben ist, ist dieser Begriff verstärkt mit der Angst besetzt, dass jemand plötzlich und endgültig geht und kein Austausch, kein Gespräch mehr möglich ist.

Wie standet ihr zueinander, was für ein Mensch war deine Schwester?
  Zunächst hatten wir kein einfaches Verhältnis. Ich bin sieben Jahre älter und habe eifersüchtig reagiert, als sie auf die Welt kam. Doch später hat sich unsere Beziehung verändert, und wir hatten die Jahre vor ihrem Tod eine sehr vertrauensvolle und herzliche Verbindung.
  Meine Schwester starb mit 21 Jahren. Nach ihrer Matura hatte sie ein Zwischenjahr eingelegt.

Wer von euch beiden war offen und wer eher schüchtern?
Ich bin ein offener Mensch. Sie war selbstbewusst – bis Mitschüler sie als Teenager gemobbt haben.

Wer von euch war beliebt, wer interessant?
Sie war interessant, denn sie konnte sich sehr zurückhaltend geben und man wusste oft nicht genau, was sie denkt.

Was mochtest du besonders an ihr?
Ihr Humor war ganz besonders, wir haben oft über die gleichen absurden Situationen gelacht. Sie hatte schöne Augen. Und dass wir so gut miteinander reden konnten, das alles hat mir sehr viel bedeutet und das tut es immer noch.

Was vermisst du am meisten zwischen euch und mit ihr?
Wir bewegten uns in ganz unterschiedlichen Lebenswelten. Deshalb: eindeutig der Austausch über Themen, die uns beschäftigt haben und die zu einem gegenseitigen Verständnis geführt haben. Diese Gespräche, die wir gegen Schluss ihres Lebens geführt haben, die fehlen mir am meisten. Meine Schwester war sehr empathisch, ein tiefgründiger Mensch, und man konnte mit ihr in ganz unterschiedliche Themen eintauchen.

Es ging mir auch stets darum, sie zu ermutigen, denn ich hatte – aufgrund ihrer Mobbing-Erfahrung – oft Sorgen um sie. Mobbing ist etwas Furchtbares, das kann Menschen wirklich zerstören. Das Mobbing meiner Schwester fiel in die Zeit der ersten Handys und man hat sie auch per SMS belästigt, es war viel Hass dabei.

> **»SURVIVORS«**
> **Zurückgelassene nach Suizid, in Fachkreisen auch »Survivors« genannt, stehen vor großen Hürden. Diese teilen sie ein Stück weit mit Betroffenen, die Menschen durch eine unerwartete Krankheit oder einen Unfall verloren haben – der plötzliche Tod katapultiert das bisherige Leben aus der ge-**

wohnten Laufbahn. Stillstand, während die Welt der Mitmenschen weiterdreht. Doch bei einem Suizid rückt außerdem sofort die Ursache ins Zentrum, verknüpft mit der Schuldfrage und der Angst vor gesellschaftlichen Stigmata. Nicht nur das Leben danach gerät aus den Fugen: Survivors hinterfragen zusätzlich das gesamte Leben und Handeln vor dem Suizid. *(Ausschnitt aus: »Sorge dich nicht« von Samira Zingaro)*

*Kannst du verstehen, dass sie diesen Schritt –
sich das Leben zu nehmen – getan hat?*
Die Warum-Frage führt zu nichts, denn gäbe es eine Antwort, reichte diese wohl in den meisten Fällen nicht aus. Ich versuche die Entscheidung zu respektieren, dass man diesen Schritt als Lösung betrachtet. Doch persönlich finde ich, es gibt immer Alternativen. Auch zeigt eine Studie: Nur wenige der geretteten Personen nach einem Suizidversuch bringen sich später um.

Wie hast du davon erfahren?
Mein Bruder hat mich am nächsten Morgen angerufen. Es ist in der Nacht passiert, und ich bin genau in dem bewussten Augenblick aufgewacht und konnte nicht mehr schlafen; ich habe das später zeitlich nachgerechnet. Wir haben am Vorabend noch telefoniert. Es ging ihr gut damals, glaubte ich. Ihr letzter Satz zu mir war: Mach dir keine Sorgen.

Ich denke, sie hat diesen Schritt nicht geplant, im Kühlschrank waren Sachen für ein Essen mit ihren Freundinnen am nächsten Tag – es war ein Affektsuizid mit dem Hintergrund, dass dieser Schritt für sie offenbar ein Ausweg war. Sie hat auch keinen Abschiedsbrief geschrieben, was für mich sehr schwierig war. Denn in meinem Beruf als Journalistin suche ich immer nach Antworten und will wissen, warum etwas passiert.

Wie hat ihr Schritt dein Leben verändert?
Es gibt ein Vorher und ein Nachher. Ihr Tod ist wohl eine der größten Zäsuren in meinem Leben. Das Ganze hat mir sehr

viel von meinem Vertrauen in mich selbst genommen: Kann ich noch jemandem glauben, was er mir sagt? Gerade ich, die beruflich versucht, der Wahrheit auf den Grund zu gehen, die herausfinden will, was sich hinter der Fassade verbirgt. Dass ich im entscheidenden Augenblick nichts gespürt, nichts bemerkt habe, belastet mich. Natürlich konnte ich es gar nicht merken, das meinte ich mit »dass man nie ganz in sein Gegenüber schauen kann«, nie, jeder hat sein Leben.

Gibt es auch einen positiven Effekt?
Ich hatte für mein Buch viele Gespräche mit Hinterbliebenen geführt, und viele von ihnen haben danach positive Dinge erlebt. Ich selbst versuche den Moment besser zu genießen, mir bewusst zu machen, dass eben nicht alles bleibt, wie es ist. Doch Verlustängste sind da. Wenn ich einen Anruf bekomme, den ich nicht erwarte, dann sage ich häufig:»Was ist los, ist etwas passiert?«, anstatt: »Hallo, schön dich zu hören.«

Wenn du an sie denkst – was kommt dir spontan in den Sinn?
Ihre langen Haare, ihr spezieller Blick, den ich oft nicht ergründen oder deuten konnte, ihr ansteckendes Lachen.

Bist du wütend auf sie oder auf dich?
Es gab Zeiten, da war ich wütend darüber, dass sie das unseren Eltern angetan hat. Oder: Warum muss ich fortan mit diesem Rucksack leben, den ich mir nicht ausgesucht habe? Aber die Trauer über den Verlust überwiegt. Wütend bin ich eher auf mich, dass ich gewisse Zeichen übersehen habe, was ein großer Anspruch an mich ist, aber dieses Gefühl habe ich manchmal.

Was konnte sie speziell gut?
Sie war musikalisch, sie konnte gut zuhören.

Sprichst du manchmal mit ihr?
Am Grab spreche ich mit ihr, generell jedoch nicht mehr so viel wie früher. Als ich mit meinem Bruder kurz nach ihrem Tod am Roten Meer war, ist plötzlich mitten auf dem Meer ein Marienkäfer auf meinem Arm gelandet. Seither spüre ich meine Schwester sehr nahe bei mir, wenn ich ein solches Tier sehe.

Nimmt der Schmerz mit der Zeit ab? Verändert er sich?
Ich wollte es nicht wahrhaben, aber es wird tatsächlich anders. Am Anfang habe ich mich sehr über Menschen geärgert, die sagten, das Leben geht weiter – das war für mich unerträglich. Doch es stimmt, die Zeit ist heilsam, und das ist eigentlich schön. Der Schmerz transformiert sich, er kommt heute punktuell. Zuerst ist man im Schock, man funktioniert. Dann folgen die verschiedenen Phasen der Trauer und der Wut, auch Unverständnis, und gleichzeitig lernt man, damit zu leben, denn es ist fortan ein Teil von dir.

FUNDSTÜCK 10

Verlassen (Originaltitel: Abbandono) ist ein italienisches Filmdrama von Mario Mattòli aus dem Jahr 1940. Der Film kam 1942 in synchronisierter Fassung in die deutschen Kinos. Nach dem Krieg ist er in Deutschland nicht mehr gezeigt worden.

Anfang des 19. Jahrhunderts heiratet der älteste Sohn der vornehmen Familie Courier, ein Kapitän zur See, eine bürgerliche Frau, Anna, die er in Trinidad kennengelernt hat. Sie wird von der Familie, besonders vom Bruder ihres Mannes, äußerst kühl empfangen. Während einer Abwesenheit ihres Mannes lässt sich Anna des Seitensprungs anklagen, den eigentlich ihre Schwägerin Maria begangen hat, da sie diese schützen will. Nach seiner Rückkehr wirft ihr Mann sie aus dem Haus. Erst viele Jahre später und nach dem tragischen Unfalltod der Schwägerin kann Anna ihre Unschuld beweisen.[26]

Was hat dir über den Verlust geholfen, wer/was hat dich wirklich unterstützt?
Interessanterweise hat mir der Besuch einer Selbsthilfegruppe gutgetan. Das war eine sehr intensive Erfahrung, denn dort hört man alle diese Geschichten von Suizidhinterbliebenen in geballter Form und spürt: Man ist nicht alleine.

Viele haben mich gefragt, ob ich das Buch geschrieben habe, um alles zu verarbeiten. Eher nicht, so meine Antwort, ich hatte vielmehr den Eindruck, es fehle geeignete Literatur zu dem Thema. Möglicherweise haben die Rückmeldungen, dass das Buch anderen hilft, aber auch mir geholfen. Am wichtigsten für mich war jedoch das Reden mit Menschen aus meinem Umfeld und die Zeit.

Gibt es eine Form von Trost, und wenn ja, welche?
Ganz sicher die gemeinsame Zeit, die man hatte. Man kann über seinem Schicksalsschlag bitter werden oder dankbar sein für das, was möglich war.

Zuhören war ein Trost, dass mir Nahestehende gut zuhören konnten. Auch die Erkenntnis, dass es im Leben viel Schlimmes gibt und wir Menschen vieles ertragen und überlebensfähig sind. Die Erfahrung, dass man überlebt. Das stärkt.

Hat Verlassenheit für dich eine Farbe, und wenn ja, welche?
Dunkelviolett.

> »DAS ERSTE MAL«
> Für die »Survivors« selbst ist die Trauerphase kein linearer Prozess. Es mag zutreffen, dass nach dem oft zitierten »Jahr der Trauer« vieles einfacher erscheint: den ersten Geburtstag und die ersten Weihnachten ohne den geliebten Menschen sowie den ersten Todestag haben die Angehörigen hinter sich. Doch an die Last, die zu tragen sie sich nicht gewünscht haben, müssen sich die Hinterbliebenen erst gewöhnen.
> (*Ausschnitt aus:* »*Sorge dich nicht*« *von Samira Zingaro*)

Biografie | Samira Zingaro, 1980, studierte Medien- und Religionswissenschaften an der Universität Fribourg. Als Journalistin war sie für verschiedene Printmedien tätig. Von 2011–2022 arbeitete sie als Redakteurin beim Schweizer Radio und Fernsehen. Inzwischen ist sie beim WWF verantwortlich für die audiovisuell-digitale Kommunikation. 2013 erschien von ihr das Buch »Sorge dich nicht«, in dem sie mit hinterbliebenen Geschwistern eindrückliche Gespräche führt. Samira Zingaro lebt mit ihrer Familie in Zürich.

Xavier Koller,
Regisseur

»Ich habe jeden Tag einen Brief mit Fragen an mich selbst geschrieben«

Was bedeutet der Begriff »Verlassen« für dich?

Verlassen, Verlassenwerden, Abschiednehmen, Aufgeben, physisch, gedanklich, emotional? Dieser Begriff ist dermaßen reich an Möglichkeiten, dass mir nicht klar ist, womit ich meine Antwort beginnen soll. Verlassen ist ein sich Fortbewegen. Ohne andauerndes Verlassen bleiben wir stehen, sterben. Verlassen bedeutet stete Erneuerung. Doch was oder wen und warum ich etwas oder jemanden verlasse oder verlassen werde, nehme ich als Erinnerung, als Erfahrung mit. Machen die nicht aus, was oder wer wir am Ende sind? Vom Verlassen des Mutterleibes bis hin zum Verlassen dieses Lebens bewegen wir uns weg von Dingen, Menschen, Erlebnissen, Gedanken usw. Wir lassen die gelebte Zeit hinter uns, verlassen sie. Die Vergangenheit beinhaltet den Reichtum der Erinnerungen, die man mitnimmt – aber ob das Glück oder Schmerz ist, diese Vergangenheit prägt mich, und die kann ich nicht verlassen. Sie reist immer mit, der Rucksack wird immer praller, und ich kann ihn als Last oder als Bereicherung betrachten.

Hast du Erfahrungen mit Verlassen, die wichtig sind, und solche, die eher belanglos sind?

Der Wert solcher Entscheidungen oder Erfahrungen, ob diese richtig, falsch, wertlos, belanglos oder prägend waren, sieht man ja erst retrospektiv. Oft zeigte sich auch bei mir, dass die schmerzhafte Erfahrung, verlassen worden zu sein, oder jemanden oder etwas verlassen zu haben, am Ende ein »blessing in disguise«, ein versteckter Segen, war.

Grundsätzlich nehme ich eher die positiven und weniger die negativen Erfahrungen mit. Ich bin nicht nachtragend. Für meine Entscheidungen trage ich die Verantwortung, wenn ich versagt oder eine Chance nicht genutzt habe, bin ich und niemand sonst dafür verantwortlich. Vielleicht war ich nicht fähig, noch nicht reif genug, habe verschlafen, sie zu erkennen – was immer.

Gibt es Zwischentöne beim Verlassen?

Es taucht sofort Einsamkeit als Begriff auf, das Gefühl von Verlassenheit ist deprimierend. Es kann ein Vorteil unserer Berufe sein, dass wir der Verlassenheit durch Kreativität allenfalls ein Gesicht, eine Form geben können, die uns heilt und anderen als Beispiel dient. Oder man schreibt darüber. Ich bin dankbar für die Kreativität, die mir gegeben ist. Ich muss nicht alles visualisieren und ich muss nicht alles in einem Film umsetzen, ich kann es auch gedanklich umsetzen und mich davon befreien. Ich frage mich, was ist *the fucking problem*, warum leidest du, warum fühlst du dich verlassen, weil dich jemand nicht mehr will? Auch in meinem Beruf spielt das eine Rolle, gerade jetzt. Viele Leute finden, der ist inzwischen zu alt – ich bin jetzt 77 – und der ist doch nicht mehr auf der Höhe, nicht mehr fit genug. Da kommt schnell der Verdacht auf, die wollen mich nicht mehr, weil meine Jahreszahl falsch ist – doch da kann ich leider nichts dafür.

Da steckt auch eine gewisse Ironie drin, denn als ich jung war, habe ich auch von den alten Regisseuren gedacht, hört endlich auf, jetzt ist unsere Zeit gekommen. Wir waren auch nicht zimperlich.

Hat Verlassen eine Farbe?

Es ist ein belastender Zustand, wenn man verlassen wird – ein Grauton.

Was ist der Unterschied zu Verlorenheit?

Verloren, das heißt, man hat die Orientierung im Leben verloren und weiß nicht mehr, wo man hinwill, wo man hingehört. Verlorenheit ist schlimmer als Verlassenheit, es ist hoffnungslos. Du kannst nicht mehr entscheiden, du kannst nicht mehr führen, nicht mehr fühlen – man ist wie aus der Welt gefallen. Zurzeit ist die ganze Welt wie aus der Welt gefallen.

Sind für dich als Künstler verlassene Figuren interessant?

Es sind interessante Charaktere, die ich gern untersuche, weil in ihnen die ganzen Facetten der Psychologie und des Verhaltens steckt. Das sind Hinweise auf den Alltag, den man beobachtet, und denen man ein Gesicht geben kann.

In deinen Filmen steckt überall ein Stück Verlassenheit. Wie inszeniert man das?

Mein Film »Reise der Hoffnung« heißt nicht umsonst so, denn es ist eine Art Hoffnung da. Durch das Vermitteln dieser Geschichte entsteht Hoffnung, dass es Auswege gibt und dass man daran arbeiten kann. Keiner meiner Filme endet mit Hoffnungslosigkeit, und das entspricht auch mir.

> **REISE DER HOFFNUNG (1990)**
> Der Film handelt von einer alevitischen Familie aus Anatolien mit sieben Kindern, die auf illegale Weise in die Schweiz auswandern will. Die Eltern, Haydar und Meryem, vertrauen sich Schleppern an und machen sich mit dem siebenjährigen Sohn Mehmet Ali auf die Reise in das Land, das sie nur von

Postkarten kennen; die anderen Kinder sollen später nachgeholt werden. In Istanbul werden sie in einem Container nach Italien verschifft. In Neapel nimmt sie der schweizerische Lastwagenfahrer Ramser gegen Bezahlung von 300 DM an die Schweizer Grenze mit, wo ihnen die Einreise infolge von fehlenden Visa verweigert wird. Am Bahnhof von Mailand haben sie einen Kontakt und geraten so in die Hände von weiteren Schleppern. Die Familie soll zu Fuß über die Berge wandern. Im Schneesturm auf dem Splügenpass stirbt Mehmet Ali in den Armen seines Vaters an Erschöpfung und Unterkühlung. Haydar wird festgenommen.

Der Film wird 1991 mit dem OSCAR als bester nicht englischsprachiger Film ausgezeichnet.

Der entscheidende Punkt ist das Schreiben: Was gibst du den Personen mit auf den Weg und wie kann ich das dem Publikum vermitteln. Wie schaffe ich es, von der Idee über das Drehbuch über die Leinwand den Zuschauer zu erreichen?

Mein erster Film »Fano Hill« handelte auch von Einsamkeit: Zwei Typen spielen im Sand und zählen die Sandkörner. Dann spielen sie miteinander und immer mehr gegeneinander, ihre Spiele werden laufend aggressiver, weil der jeweilige Verlierer sich in der nächsten Runde rächt, bis am Ende der eine den anderen tötet. Eine einfache Kain-und-Abel-Geschichte, die sich gut vermittelt hat. Beim nächsten Film »Hannibal« - eine große, aufwändige Produktion - habe ich bei jedem Bild, bei jedem Satz, bei jeder Regung und Bewegung gefühlt und gewusst, was es bedeutet. Nur: Ich war sozusagen der Einzige, der das gefühlt und begriffen hatte. Obwohl der Film in der Quinzaine des réaliteurs in Cannes gezeigt wurde, hat er im Kino niemanden interessiert - »keine Ahnung, worum es geht«, »strange«, das waren gewisse Anmerkungen.

Was ist da schiefgelaufen? Ich habe gesucht und herausgefunden, dass ich nur mit mir selbst geredet habe, nicht mit dem Publikum. Also hatte ich mit diesem Film ein Selbstgespräch geführt, ein ganz teures. Das war meine Filmschule. Sieben Jahre an harter Arbeit und Frust hat es gedauert, bis mein damaliger Geschäftspartner und Produzent Edi Stoeckli und ich das geliehene Geld zurückbezahlen konnten. Da Edi finanziell wesentlich erfolgreicher war als ich, hatte er, großzügig wie er war und ist, den happigeren Anteil übernommen.

Dank des Misserfolgs von »Hannibal« habe ich gelernt, mittels des Mediums Film mit dem Publikum zu kommunizieren. Das Dreieck der Projektion, von der Idee (dem Schreiben der Geschichte, der Produktion usw.) über die Leinwand hin zum Publikum, muss funktionieren, lesbar sein, einleuchtend, muss verstanden und erfahren werden können. Nur so entsteht Kommunikation, der gewünschte Austausch von Ideen mit dem Publikum. Wie kommuniziere ich, wie bringe ich die Gedanken, die die Schauspieler haben und nicht aussprechen müssen, wie bringe ich die dem Publikum als Erfahrung nahe. Daran habe ich gearbeitet, über viele Jahre, und eines Tages hat man meine Geschichten verstanden. Es gibt keine allgemeingültige Formel. Jeder Charakter, jede Situation, jede Geschichte – alles verlangt eine eigenständige Form der Darstellung.

Ist es vor allem das Nonverbale, wenn es um Verlassenheit geht?

Es ist eine Stimmung, es sind Orte, die etwas ausstrahlen, es sind Personen. Das setzt sich zusammen aus Farben, aus Licht, aus Charakterköpfen, aus Distanzen, wie viel Luft entsteht zwischen den einzelnen Akteuren, wie ist der Rhythmus, wie ist die Vorgeschichte aller Charaktere in dem Moment, den die Zuschauer sehen. Alles ist Rhythmus, jede Bewegung ist Musik, jede Geste ist Musik. Es ist das Timing, wie man etwas arrangiert, dass ich als Zuschauer mitatme und nicht mehr denken muss, was denken die jetzt dort oben auf dem Screen. Meine Intention ist oft, Inhalte eher auf einer unterbewussten, emotionalen Ebene zu vermitteln, statt durch Dialoge, auf einer realen, intellektuellen Ebene. Das zumindest ist mein Ziel.

EINE WEN IIG, DR DÄLLEBACH KARI (2012), EINER WIE ICH ...
Kari Tellenbach wird mit einer Kiefer-Lippen-Gaumenspalte (früher Hasenscharte) geboren. Seine Mutter päppelt ihn auf wie einen kleinen Vogel, der aus dem Nest gefallen ist. Als junger Mann wird Kari Friseur und erobert trotz seiner Behinderung mit seinem Witz, seinem Charme und seiner Feinfühligkeit das Herz der schönen, reichen Annemarie. Sein Glück scheint beinahe perfekt, doch haben Annemaries bürgerliche Eltern für ihre Tochter andere Pläne.

DIE SCHWARZEN BRÜDER (2013)
Bis Mitte des 19. Jahrhunderts verkauften arme Tessiner Bergbauern ihre Kinder als Kaminfeger nach Mailand. So geht es auch dem kleinen Giorgio. Er muss durch finstere Kamine klettern, mit den nackten Händen den Ruß herabwerfen. Aber er gibt nicht auf: Mit seinen Leidensgenossen gründet er den Bund der »Schwarzen Brüder«. Sie halten zusammen, wehren sich gegen ihr Elend und verstricken sich in Kämpfe mit den Mailänder Straßenjungen. Der Film erzählt die Abenteuer der Kaminfegerjungen und ihre spektakuläre Flucht zurück in die Heimat.

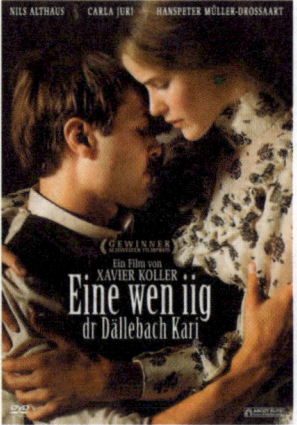

Welche Gefahr lauert dabei?
Kitsch! Es kann Selbstmitleid hochspülen, und es können Vorurteile entstehen. Wie z.B. bei »Einer wie ich ...« fanden einige spitzfindige Kritiker, der Film rieche nach zu viel Parfüm und Rasierwasser, weil der hasenschartige Barbier Kari sich in die unerreichbar scheinende, schöne Annemarie verliebte. Bei »Der schwarze Tanner« stank der Film nach Mist, »Reise der Hoffnung« stank nach Angst und Schweiß und »Die schwarzen Brüder« stanken nach Ruß. So hat jeder Film auch seinen Geruch.

Deine Akteure vermitteln Hoffnung,
ohne dass es didaktisch wirkt.
Bei jeder Arbeit sage ich: Ich mache keine Geschichte über und mit Menschen, gegen die ich ein Vorurteil hege. Jeder Charakter innerhalb der Story muss eine Chance haben, vom Ansatz her gut zu sein, auch wenn ihre Geschichte dagegenspricht. Jemand ist nicht nur böse, nur gut, nur schön – es ist ein Prozess, jeder handelnden Person ihre entsprechenden Facetten zu geben, Charakter eben, und dieser Prozess macht meine Arbeit spannend.

Ist der Grund, warum jemand verlassen wird,
für deine Arbeit wichtig?
Absolut. Das heißt jedoch nicht, dass ich die Gründe jedes Mal verbalisieren muss. Wichtig ist, dass ich das Publikum nicht allein lasse. Eine Geschichte diktiert gewisse Vorkommnisse, und diese muss ich im Arbeitsprozess begründen können, den Darstellerinnen und Darstellern, wie auch dem kreativen Team, damit sich alle auf ihre Weise vorbereiten und einbringen können.

Grundsätzlich kann ich keine Geschichten erzählen, an die ich nicht leidenschaftlich glaube und ebenso leidenschaftlich vermitteln kann!

Warum genießt die Melancholie überall Sympathie und warum generiert ein verlassener Mensch eher Abwehr?

Die Frage betrifft noch immer meine Arbeit, nicht? Melancholie ist eine zwiespältige Stimmung, die, wenn man nicht aufpasst, sehr schnell in Kitsch abdriften kann. Sie hat für mich eine Aura von Traurigkeit, spiegelt Wärme, aber nicht Hitze. Dieser Zustand erreicht die Zuschauer, sofern diese für diese Gefühle empfänglich sind, leichter als der Zustand eines verlassenen Menschen, der Empathie verlangt, sofern diese Person nicht der oder die negative Gegenspieler:in ist.

Wann und warum in einer Geschichte jemand verlassen wird, entscheidet die Vorgeschichte, die zu diesem Moment führt, durch diese entscheidet sich, ob wir Empathie aufbringen oder nicht. Ohne Vorgeschichte ist ein Verlassen ein schlichtes Weggehen ohne dramatische Bedeutung.

Was erlöst aus Verlassenheit?

Ein neuer Hoffnungsschimmer? Wenn jemand, oder ich selbst, statt in Selbstmitleid zu versinken die Verlassenheit dazu benutzt herauszufinden, wozu das Ganze dienen soll, kann sie dann nicht auch eine Chance zur Reflexion sein, ein Lern- und Heilungsprozess für die Dinge, Vorgänge, Veränderungen, die man nicht beachtet hat in seinem Leben? Und: Was kann ich damit anfangen? Früher litt ich oft unter Depressionen, und ich habe mich gefragt: Was bedeutet das? Dann habe ich eines Tages den Entschluss gefasst: Depressionen sind Ruhezustände, in denen etwas passiert, das ich noch nicht verstanden habe respektive noch nicht verstehe, ein Heilungsprozess, dem ich Zeit lassen muss. Ich kann das nicht forcieren, ich muss den Zustand annehmen, selbst wenn dieser sehr unangenehm ist – mit dem Wissen, oder vielmehr dem Glauben, am Ende des Tunnels sei Licht.

Und das konntest du so umsetzen?

Na ja, ja – ich habe überlebt. Das klingt womöglich sehr dramatisch, aber es war einfach ein Entscheid, den ich gefällt habe.

Genau wie ich in jungen Jahren gewählt habe, meinen Beruf zu ändern. Ich war Werkzeugmacher und fand eigentlich schon am ersten Tag in der Lehre, das sei nicht ich. Trotzdem habe ich vier Jahre durchgehalten und abgeschlossen, weil ich die Alternative ohnehin noch nicht kannte. Nach dem Abschluss machte ich drei Jahre Schauspielschule, die heutige Schauspielakademie. Dort fühlte ich mich zu Hause, endlich hatte ich meinen Traumberuf gefunden, mein Leben bekam eine positive emotionale Qualität, meine Leidenschaft für die Schauspielerei, das Theater, Drama, Komödie, Bewegung, Tanz, Musik schlechthin, entbrannte. Ich war glücklich.

Mein erstes Engagement führte mich danach nach Göttingen ans Junge Theater, wo ich, nachdem Bruno Ganz dort weggegangen war, als »der andere Schweizer« engagiert wurde.

In Göttingen kam ich auf die Füße, denn ich fand es nach kurzer Zeit ganz furchtbar, und ich fiel wieder in eine tiefe Depression. Ich fragte mich: Habe ich mir Illusionen gemacht? Gehöre ich überhaupt hierhin, auf die Bühne, in diesen Beruf, oder doch eher zurück nach Brunnen oder Mellingen, wo ich herkomme? Ich hatte doch so heftig dafür gekämpft, meinem Leben Sinn zu geben, war vollkommen glücklich, und nun fühlte ich mich derart miserabel? – So was Saublödes!

Weil ich niemanden hatte, mit dem oder der ich darüber reden konnte, habe ich angefangen zu schreiben. Das war für mich ein Ausweg – ich habe jeden Tag einen Brief mit Fragen an mich selbst geschrieben. Und am nächsten Tag habe ich versucht, mir in einem weiteren Brief Antworten zu diesen Fragen zu geben. Aus diesen Antworten sind letztlich Geschichten entstanden.

Als schwerer Legastheniker hätte ich mir nie vorstellen können, Schreiben könnte für mich Heilung bedeuten, denn Schreiben und Lesen war in der Schule für mich der totale Horror. Ich habe beim Vorlesen nur gestottert, weil ich ständig andere Buchstaben auf der Seite gesehen habe als die, die dort standen. Allerdings habe ich dann einfach die Geschichte weitergesponnen, bis Mitschüler und die Lehrer mich anschauten

FUNDSTÜCK 11

Seduced and Abandoned

US-Doku, in der Regisseur James Toback anhand eines frei erfundenen Filmprojekts, das er mit Alec Baldwin auf dem Filmfestival in Cannes an den Mann zu bringen versucht, der Frage nachgeht, wie man sich im Haifischbecken Hollywood durchsetzt und wie man das für die Umsetzung eines Films notwendige Geld auftreibt.

Seit Jahrzehnten steht das Filmfestival von Cannes für Filmkunst, Stars und Glamour und zieht Cineasten und Schaulustige aus aller Welt in seinen Bann. Regisseur und Produzent James Toback mischte sich 2012 gemeinsam mit Schauspieler Alec Baldwin unter die Besucher, um nach Geldgebern für sein Filmprojekt »Der letzte Tango in Tikrit« zu suchen, einem politischen Erotikabenteuer im Mittleren Osten mit Alec Baldwin in der Hauptrolle. Ihre Jagd nach willigen Finanziers, Entscheidungsträgern und prominenten Fürsprechern mitten im Gewimmel von Cannes haben Toback und Baldwin mit der Kamera festgehalten. Sie folgten Regisseuren, Produzenten, Hollywoodstars und millionenschweren Investoren in Hotelzimmer, Kinosäle oder auf luxuriöse Yachten und verwickelten sie in intime Gespräche über filmische Ambitionen, Erfahrungen und Lebensträume.[27]

---

und fragten, aus welchem Buch ich denn vorlesen würde. Viel später ging ich zu Paul Parin, der meinte: »Du brauchst keinen Psychiater, mach einfach das, was du machen musst.« Daraufhin ich: »Ich weiß aber nicht, was ich machen muss.« Und er: »Du weißt es, mach einfach.«

Eines Tages sagte ich mir: Ich bin der, der ich bin. Und ich muss das machen, was ich mache, obwohl ich noch nicht verstehe, was da alles mit mir geschieht. Von diesem Moment an ging es mir viel besser – ich habe den ersten Film gemacht und dann weitere. Ich hatte keinen Plan, nie das Ziel, Autor und Regisseur zu werden, ich ließ es einfach geschehen. Ich fand das neue Zuhause. Eine Zeit verlassen, einen Ort, eine Gesellschaft, eine Familie, kann irritierend sein, weil du dir sagst und empfindest, ich pass da nicht rein, ich bin anders. Zu Beginn der Ablösung von meiner Familie lautete ihr Argument: Du bist nicht anders, du willst anders sein, du bist überheblich, wir sind dir zu wenig. Und ich: Nein, ich will nicht anders sein, ich bin einfach anders. Als meine Tätigkeiten begannen, positive Resultate zu zeigen, die sie verstanden, kamen wir wieder zusammen.

Was ist für dich das Gegenteil von Verlassenheit?
Akzeptanz, Respekt, Zugehörigkeit. Dass man einen Platz in sich findet. Zufriedenheit. Es hat mehr mit diesen Empfindungen zu tun als mit der Umgebung und mit anderen Menschen. Ich kam irgendwann zu dem Punkt: Was andere über mich denken, ist mir sch...egal. Was ich über mich denke, ist mir viel wichtiger als alles andere. Was mich früher geschmerzt hat, als ich unsicherer war, schmerzt mich schon längst nicht mehr.

Muss man Verlassenheit selbst erfahren haben,
um Geborgenheit schätzen zu können?
Sicher. Geborgenheit ist ein Gefühl von Ruhe – ich bin so weit mit mir zufrieden, dass ich nicht mehr vor mir davonrennen muss, man ist innerlich ruhig. Wir arbeiten ja stets mit diesen Emotionen, das ist ein Teil des Schreibens, des Kreierens, des Inszenierens. Wir haben selbst Erfahrungen gemacht und nehmen die mit, und das Leben, die Erinnerung sind angereichert damit, und das setzen wir in unserer Arbeit um. Ohne dass es uns bewusst ist, transformieren wir das, was wir gesehen, gelesen, erlebt haben, in etwas Neues. Recycling!

Was ist mit: Man wird im Stich gelassen oder,
es verlassen einen die Ideen?
Der oder die Verlassene zu sein schmerzt mehr als derjenige zu sein, der verlässt, denn dieser oder diese fasst einen Entschluss, dies zu tun, wogegen die Gründe eines Verlassenwerdens den Verlassenen nur schwer oder vielleicht gar nicht einleuchten.

Das Verlassen ist ein permanenter Prozess. Ideen verlassen einen, weil sie möglicherweise überlebt sind, out of date, weil wir uns verändert haben und alte Vorstellungen und Ideen ablegen müssen, um uns erneuern zu können.

Arbeitest du an diesen Emotionen mit den Schauspieler:innen und treibst du sie dazu an, weiter und weiter zu gehen, bis zum Ursprung?
Beim Schreiben mache ich das mit mir selbst. Den Schauspieler:innen sage ich nicht, was sie denken oder fühlen sollen, ich frage vielmehr – was machst du daraus? Ich weiß schon, wo ich sie haben will, aber sie müssen sich selbst finden, nur so wird eine Performance genuin: Ich will ihre Gedanken, ich will ihre Gefühle, ihre Kreativität, diese sollen in den Film einfließen. Meine Ideen sind nur die Vorlage.

Wie bekommst du, was du willst?
Durch Vertrauen. Gute Führung bedeutet, den Mitarbeitenden Vertrauen zu schenken, denn dies macht sie frei und mutig, sich selbst zu vertrauen. Weil Schauspieler:innen ihr eigenes Werkzeug sind, und sich immer als eigene Person einbringen müssen, mit ihren Gedanken und Gefühlen, sind sie öfter unsicher oder gar scheu. Darum gilt es für mich herauszufinden, wie ich eine Person behandeln muss, damit sie mir auch ihr Vertrauen schenkt, dass sie weiß, ich lasse sie nicht ins Messer laufen. Das Ziel ist dabei immer, dass sie über sich selbst hinauswachsen und einen Charakter viel besser interpretieren, als ich mir dies beim Schreiben vorgestellt habe. Das wäre dann top. Ich gehe jedoch davon aus, dass andere Menschen manchmal die besseren Ideen haben als ich selbst. Wenn das eintrifft und es mir einleuchtet, dann bin ich gerne bereit, dies anzunehmen, denn am Schluss bekomme ich die Credits dafür (lacht).

Geht das immer, kommst du stets auf einen grünen Zweig?
Nicht immer, aber immer öfters. Wir wollen ja alle immer das Beste aus einer Geschichte machen, den besten Film. Das ist immer das Ziel. Natürlich gelingt das nicht jedes Mal in jedem Detail. Film sieht einfach aus, ist jedoch ein sehr komplexes kompliziertes Wesen.

Biografie | Xavier Koller, geboren 1944, ist Autor und Regisseur. Er schreibt seine Filme vorwiegend selbst, gelegentlich verfilmt er historische Stoffe, zu denen er auch die Drehbücher verfasst. Koller interessiert sich für seine Familie, Menschen generell, Geschichten, Kulturen, gute Ernährung, gute Weine sowie seine Hunde und vieles mehr. Er lebt mit seiner Familie nach 28 Jahren Los Angeles jetzt mehrheitlich in Italien.

Filmografie
- **1969: Fano Hill**
- **1972: Hannibal**
- **1976: De Schützekönig**
- **1978: Trilogie 1848 – Der Galgensteiger**
- **1979: Das gefrorene Herz**
- **1985: Der schwarze Tanner**
- **1990: Reise der Hoffnung**
- **1994: Squanto – der große Krieger**
- **1998: Hearts and Bones**
- **2000: Gripsholm**
- **2001: Ring of Fire**
- **2002: Highway**
- **2006: Havarie**
- **2011: Eine wen iig, dr Dällebach Kari**
- **2013: Die schwarzen Brüder**
- **2015: Schellen-Ursli**
  Zudem zahlreiche Drehbücher, die noch auf ihre Umsetzung warten.

Vom Seelenmut zur Selbsterkenntnis

Angelika U. Reutter

Die Seele ist unbeirrbar treu, schmerzerprobt, lebensfroh und bleibt ein ewiges Geheimnis. Sie lässt uns in den Himmel eintreten und plötzlich, von einem Moment auf den anderen, kann alles anders sein: eine verletzende Bemerkung oder ein Schicksalsschlag treffen uns mitten ins Herz. Und das runde, wohlige Glück verlässt uns. Der innere Frieden, diese »kleine Seligkeit« ist verflogen: »weggeschafft, beseitigt, fehlgeleitet oder aufgebraucht.«

Die scheinbar unbedeutende Silbe »ver« könnte nachdenklich stimmen, denn ihr sind die erwähnten Eigenschaften zugeordnet. Könnte es sein, dass alles »ver«-gebens ist, denn alles, was uns gegeben, wird wieder genommen: Menschen verlassen uns, wir müssen die Kindheit, die Jugendzeit verlassen; wir lassen die Erfolge und das Scheitern zurück, die Lebensfreude und die Trauer über das Ungelebte, bis wir eines fernen oder nahen Tages mit dem letzten Atemzug das kostbarste Gut, das Leben selbst, verlassen. In diese Gesetzmäßigkeiten des Lebens und des Schicksals einzuwilligen, auch in die der Verlassenheit, verlangen Einsicht in deren tieferen Sinn und Demut.

*

In einem der schönsten und tiefsinnigsten Texte der Weltliteratur steht mehrmals der Satz: »Alles ist eitel und Haschen nach Wind.« König Salomon resümiert es nüchtern im Buch der Prediger: »Ich sah an alles Tun, das unter der Sonne geschieht und sah, es war eitel und Haschen nach Wind.«

Sind damit die Egostrukturen angesprochen, die narzisstischen Kränkungen darüber, dass die anderen besser, klüger, mächtiger sind als das kleine Ich, das sich beleidigt in einem Vakuum verschanzt? Die innere Leere wird zu einer Flucht vor dem Glück. Denn das Unglück, im eigenen Gefängnis verbarrikadiert zu sein, verspricht den heimlichen Genuss, nicht mehr von außen verletzbar zu sein. Ein Kontrollverlust würde (vermeintlich!) in die Abgründe der existenziellen Verlassenheit führen. In der gefühllosen Abstraktion der Eitelkeiten bleibt allerdings alles ein kühles, wenn auch emotional aufgeladenes Kalkül, ein Haschen nach Wind. »Der Wind, der Wind, das himmlische Kind ...« lässt sich nicht festhalten und keineswegs für den persönlichen Nutzen einfangen.

Der »innere Weltuntergang« muss unter allen Umständen vermieden werden, und so gewöhnt man sich an die verlorene Naivität: Ein Zauberstab möge die grauenvollen Ängste, allein, verloren und hilflos zurückzubleiben, für immer aus der Seele löschen.

In dieser »Abseits-Sicherheit« ist man felsenfest davon überzeugt, versagt zu haben: mit der Erziehung der Kinder, in der Fürsorge für die Familie oder im beruflichen Werdegang. Die Vergleiche mit anderen bestätigen mich in meinem Elend. Abgewandt vom Labyrinth des Lebens, fühlt man sich gottverlassen und das Schlimmste – man kann sich nicht auf sich selbst verlassen. Wie auch?

Doch irgendwann wird man an den Punkt getrieben, der an diesen schicksalhaften Nullpunkt führt, wo Rettung darin besteht, ein ganz »neuer« Mensch zu werden und auf den Himmel zu hoffen.

Von der Partitur der Verlassenheit
Die weltumfassenden Melodien der Verlassenheit zu erspüren und damit die Silbe »ver« tiefer zu erkunden ist ein Lebensabenteuer: verfälschen, verirren, verwirren, vereiteln, verlogen, verlieben, verzweifeln ... Jedes Wort und sicher viele mehr gehören durch ihre Silbe »ver« zur Familie der Verlassenheit. Sie sollen auf die eine oder andere Weise aus dem unbewusst Aufgebrauchten, Fehlgeleiteten, Weggeschafften und Beseitigten herausführen. Die Silbe »ver« ist eine Einladung, innezuhalten und mit dem Herzen zu reflektieren, was jetzt »Sache«, was angebracht ist: Auf zu neuen Ufern, um in den Klängen der Weltenmelodie einen Raum in sich selbst zu entdecken, in dem das Heilig-Heilende erwacht, das nie verloren ist.

Der Seelenmut zur Selbsterkenntnis ist in der Partitur der Verlassenheit eingeschrieben. Denn ohne ein tiefgreifendes »Ver«-trauen in das Sinnstiftende ist der Boden unter den Füßen wie dünnes Eis. Sich im eigenen Sosein zu bewähren ist weder einfach noch gottgegeben. Sich etwas »getrauen«, sich Unbekanntes »zuzutrauen« sind die Zauberworte, die den Schmerz der Verlassenheit in Tatkraft wandeln. Können.

Doch wir verlieren das lebensnotwendige Vertrauen immer wieder, versuchen es aufs Neue und vermuten es hinter der nächsten Ecke – in einer abenteuerlichen Reise, einem lang ersehnten Erfolg, der das Selbstvertrauen vermeintlich stärkt, oder in einer vor uns selber versteckten Sehnsucht, deren Erfüllung in der eigenen Vorstellung nie an Glanz verlieren würde.

*

In der einsamen Verlassenheit der Wüstenweiten formten die Propheten das Heilige. Dichter und Lyriker haben die finsteren Abgründe des Verlassenseins in Wortbilder und oszillierende Farben getaucht und den Mythos der Verlassenheit verewigt. Im

FUNDSTÜCK 12

Trost

Trost ist ein Akt der Solidarität im Raum – indem wir den Hinterbliebenen Gesellschaft leisten, einer Freundin über einen schwierigen Moment hinweghelfen –, aber auch ein Akt der Solidarität in der Zeit, indem wir uns die Fähigkeit bewahren, die von den Toten hinterlassenen Worte zu hören und zu verstehen. – *Michael Ignatieff, »Was spendet noch Trost?«*[28]

Musiktheater oder in den 80 000 Opern, die seit 1600 komponiert wurden, erklingt die Qual der Verlassenen in melodramatischen höchsten Tönen, die um den Verlust leidenschaftlicher Liebe trauern.

»Nur Du, allein mit Deinen Worten«, so sprach sich Gottfried Benn in einem seiner späten Gedichte selber an. In einer »urbanen Massengesellschaft«, in der es viele Leute gibt, die nicht miteinander reden, beschrieb der Dichter seine Einsamkeit. Fühlte er sich von »Gott und der Welt verlassen«, weil eine stumme Gesellschaft die Resonanz der eigenen Identität verweigert?

Noch im Mittelalter wurde die Einsamkeit als eine Tugend hochgeschätzt. In der modernen Gesellschaft bleibt jedoch wenig Lust, Zeit und Raum, den »einen Samen« im eigenen, inneren Wesenskern wahrzunehmen und zu pflegen, mit einem »langen Atem«, mit Herzenswärme und der lebendigen Stille der Einsamkeit.

*

Man müsste die Verlassenheit zum Erzählen bringen, ihren persönlichen Geschichten zuhören und ihre erschütternde Menschlichkeit wahrnehmen: Dieses verrückte Leben, das man nicht versteht und doch liebt. Die Einsamkeit im Kosmos der sichtbaren Welt und das Gefühl, verlassen zu sein vom unsichtbar

Göttlichen. Wo bleiben Leichtigkeit und Freude? In den Meinungen von »Richtig und Falsch« ertrinken die klaren Gedanken im Meer der Verwirrung. Man stellt die negativen Erlebnisse der Vergangenheit in die Energiebahn der Zukunft und landet in einer Sackgasse. Schachmatt! Einsamkeit und Verlassenheit vermischen sich in der eigenen Empfindung zu einem unausweichlichen Druck. Verzweiflung, ein schrecklicher Zweifel an sich selbst, der alles infrage stellt. Man fühlt sich gestresst und »von allen guten Geistern verlassen« – das Eintrittstor für die Zwillingsschwestern Schuld und Scham. Flucht nach vorn scheint der einzige Ausweg, oder: »Es ist alles zu viel und ich kann und mag nicht mehr!«

Hat man den falschen Weg eingeschlagen? Hätte man, wäre man ... Die Angst vor der Verlassenheit, vor dem Zurückgelassenwerden, löst eine heimliche Schuld aus: Was habe ich falsch gemacht? Und die Trauer, sich einsam zu fühlen, stellt die bange Frage: Was ist falsch an mir, dass ich mutterseelenallein alles alleine machen muss? Schuld und Scham, Verlassenheit und Einsamkeit werden unheilvolle Verbündete. Die Scham versinkt im Trauermeer und versucht über die Schuld und Schuldzuweisungen ein neues Ufer zu erreichen. Dies misslingt.

Der Kampf der Polarisierung zwischen Gut und Böse schürt die Ängste und die Trauer, es nicht geschafft zu haben, den Wahnsinn der Habgier zu erkennen und dieses eitle Haschen nach Wind zu »lassen«, einfach hinter sich zu lassen. Dieser bewusste Entwicklungsweg ist nicht zwischen Tür und Angel zu bewältigen. Denn das Weisheitsbuch über das Verlassen und den tieferen Sinn der Einsamkeit, nämlich ein Same im großen Ganzen zu sein, ist in der mystischen Fremdsprache des Göttlichen geschrieben. In goldenen Lettern verpflichtet es uns, die gleichwertige Kostbarkeit von Körper, Seele und Geist anzuerkennen.

Es ist schmerzvoll, die Heimat zu verlassen, einen geliebten Menschen zu verlieren oder sich verachtet zu fühlen. Unerträglich ist es jedoch, sich selbst zu verlassen, den göttlichen Wesenskern, das, was ich wirklich bin und schon immer war. Sich seiner selbst gewahr zu werden, der eigenen inneren Wahrheit, ist wohl die stärkste Kraft der »Lebenspartitur Verlassenheit«: Daraus erwächst der Trost der Liebe, die stärker ist als alle Vernunft. Und das Bewusstsein, dass der Kampf gegen die Finsternis nicht zu gewinnen ist, dass es jedoch ausreicht, ein Licht zu sein. In einem solchen Moment wird unser Leben von einer Luzidität bestimmt, die uns das Unsichtbare mit neuen Erfahrungen erkennen lässt.

Die andere Seite der Trauer, des Schmerzes, der Hilflosigkeit und der Verzweiflung ist eine unbeirrbare Kraft, die aus dem bewussten Einwilligen in das, was ist und was kommen mag, erwächst. Gute Mächte erhellen die Tragödien des Lebens. Aus dieser Erfahrung entfaltet sich eine federleichte Gewissheit, die die engen Gitterstäbe der gottverlassenen Verzweiflung mit sanfter Hand zu einem sich öffnenden Tor schmiedet: zu einem Weg in die Zukunft, der sich aus jedem Augenblick der Geistesgegenwärtigkeit entfaltet – Kreativität, Fantasie, künstlerische Inspiration, Hoffnung, die Flügel verleiht.

Es ist die Befreiung aus der Verlassenheit in ein Unerschütterliches, das die Verzweiflung kennt: »Mein Gott, warum hast du mich verlassen!«, und den Mythos zum Leben erweckt: die Auferstehung der Seele zum Göttlichen im Menschen, wenn das Schwere leichter und das Leichte gewichtiger wird.

Biografie | Angelika U. Reutter, kurz vor Ende des 2. Weltkriegs geboren. »Meine Eltern mussten ihr Haus und Hab und Gut zurücklassen. Später verließen wir ›Die graue Stadt am Meer‹, deren Stimmung Theodor Storm in seinem gleichnamigen Gedicht huldigt. Mit neun Jahren in der Kasbah von Tanger, in ›Der weißen Stadt am Meer‹, fühlte ich mich zunächst verloren; doch unter dem Dach der reifen Bananen und ihren roten Blüten hörte ich den Muezzin, der zum Gebet rief, und ich betete zu Christus und zu allen geistigen Wesen. Das innere Lauschen ist mir Heimat geworden.«

Anhang

Anmerkungen

1. https://de.wikipedia.org/wiki/Orpheus.
2. https://de.wikipedia.org/wiki/Orfeo_ed_Euridice.
3. https://de.wikipedia.org/wiki/Orfeu_Negro.
4. https://de.wikipedia.org/wiki/Marmorera.
5. https://de.wikipedia.org/wiki/Marmorera_(Film).
6. Bill Viola, »Das Bild in mir. Videokunst offenbart die Welt des Verborgenen«, in: Christa Maar, Hubert Burda (Hgs.), Iconic Turn. Die neue Macht der Bilder, Köln, 2004, S. 260-282, hier S. 268.
7. Zitate aus »Hiob«: Zürcher Bibel, TVZ Theologischer Verlag Zürich, 2. Auflage, Zürich 2008.
8. Urs Bühler: Milo Rau hat in Matera seinen Jesus-Film gedreht und sagt: »Das Neue Testament ist ja zunächst auch ein grosses Casting an den Rändern der Gesellschaft«, Neue Zürcher Zeitung, 1.4.2021: www.nzz.ch/feuilleton/das-neue-evangelium-von-milo-rau-der-etwas-anderer-jesusfilm-ld.1607946?reduced=true.
9. https://de.wikipedia.org/wiki/Museum_der_zerbrochenen_Beziehungen.
10. Diverse Online-Quellen
11. https://de.wikipedia.org/wiki/Telegramm.
12. https://de.wikipedia.org/wiki/Abtrittanbieter.
13. https://de.wikipedia.org/wiki/Aschenmann.
14. https://de.wikipedia.org/wiki/Gemeindediener.
15. https://de.wikipedia.org/wiki/Drahtzieher_(Beruf).
16. https://de.wikipedia.org/wiki/Fischbein.
17. https://de.wikipedia.org/wiki/Lichtputzer.
18. https://de.wikipedia.org/wiki/Planetenverkäufer.
19. https://austria-forum.org/af/Heimatlexikon/Salamikrämer.
20. 11.11.2016, Der Spiegel: https://bit.ly/3TmYqZo.
21. Online-Shop-Eintrag: »Hunde-Nahrungsergänzung Bio-Bachblüten, Verlassen, 20 ml« von cdVet auf: www.brack.ch/cdvet-hunde-nahrungsergaenzung-bio-bachblueten-1313591.

22 https://de.wikipedia.org/wiki/Philemon_und_Baucis.
23 aus: Brief von Rainer Maria Rilke an Franz Xaver Kappus, 16. Juli 1903. Aus: Rainer Maria Rilke: »Briefe an einen jungen Dichter«.
24 https://de.wikipedia.org/wiki/Elizabeth_Taylor#Kinder,_Ehen_und_Freundschaften.
25 www.scheidung.de/scheidungsnews/rekordhalter-des-herzens-11-liebes-und-eherekorde.html.
26 https://de.wikipedia.org/wiki/Verlassen.
27 www.spielfilm.de/filme/2999759/verfuehrt-und-verlassen.
28 Michael Ignatieff, »Was spendet noch Trost?«. Aus: »Die Zeit«, 9. Januar 2020: www.zeit.de/2020/03/trauer-trost-verlust-freundschaft-einsamkeit.

Bildnachweis

Alle Fotografien, wenn nicht anders erwähnt: © Goran Basic

S. 62–69 | © Peter Schelling

S. 86 | Bill Viola, Déserts | 1994, oben: Sturzmotiv der 3. Interpolation; unten: Wasseroberfläche nach dem Sturz; Foto: Kira Perov © Bill Viola Studio

S. 90 | Bill Viola, Déserts, 1994, Schlusseinstellung; Foto: Kira Perov © Bill Viola Studio

S. 99 | Internet Archive Book Images; Quelle: www.flickr.com/photos/internetarchivebookimages/14595541208

S. 115 | Patty Ho | Flickr: Zagreb, Croatia

S. 116 | © Michael Jacobson

S. 122 | Fotograf:in unbekannt

S. 128–135 (Illustrationen) | © Laila Defelice

S. 134 (Illustration Salami-Scheiben) | © Bild: Freepik.com

S. 150–157 | Privatbesitz Charles Linsmayer

S. 172 (links, Mitte) | © Xavier Koller

S. 172 (rechts) | © Dschoint Ventschr Filmproduktion AG

S. 190 (Salome Schneebeli) | © Thomas Krempke

S. 190 (Anne Rüffer) | © Mali Lazell

Dank

Wir danken allen, die zum Zustandekommen dieses Buches beigetragen haben und uns mit Ideen, Gedanken, Gesprächen, Texten sowie Fotos und Bildern unterstützt haben.

Salome Schneebeli & Anne Rüffer

Biografien Herausgeberinnen

Salome Schneebeli, 1962, studierte Tanz und Choreografie in New York und an der Hogeschool voor de Kunsten Amsterdam. Sie arbeitete unter u.a. mit Sascha Waltz und Simone Aughterlony. Neben den Choreografien für eigene Stücke wie auch für Theater (u.a. Burgtheater Wien, Thalia Theater Hamburg, Theater Leipzig, Schauspielhaus Zürich), Musik-Clips, Film und Oper ist sie visuelle Künstlerin; ihre Zeichnungen, Installationen und Videos werden in der Schweiz und international gezeigt.

Anne Rüffer, 1957, arbeitete viele Jahre in der Privatwirtschaft. Danach wechselte sie in den Journalismus als Autorin für Wochenzeitungen und diverse Fernsehstationen und drehte verschiedene DOK-Filme für das Schweizer Fernsehen. Im Jahr 2000 gründete sie zusammen mit Dominique Rub den rüffer & rub Sachbuchverlag. 2014 erschien von ihr der Roman »Fräulein Franzen besucht das Glück«, Neuauflage bei rüffer&rub 2021.

Biografie Fotograf

Goran Basic, 1983, studierte nach seiner Lehre als Polygraf Fotografie und Kunst an der Zürcher Hochschule der Künste (zHdK). Nach einigen Jahren als Pressefotograf, festangestellt bei der »Neuen Zürcher Zeitung«, arbeitet er heute selbständig mit Fokus auf Porträts und Reportagen.